死ぬまでに東京でやりたい50のこと

「東京別視点ガイド」編集長
松澤茂信・著

はじめに

定番の観光地はもう飽きた！
もの珍しくて、刺激的な体験がしてみたい!!

そんな要望に応えてくれる強い味方が「東京別視点ガイド」。首都圏の一風変わったお店や個性的なスポットを、編集長独自の視点から徹底紹介する人気ウェブサイトです。

本書『死ぬまでに東京でやりたい50のこと』は、サイトから選りすぐった記事を再取材・大幅にリライトし、新たなスポットの紹介を加えて一冊の本としたものです。

やれずに死ねない東京体験50連発。百戦錬磨の編集長が自信を持ってオススメする「大都会の歩き方」がここにある！

軽妙、痛快、ちょっと危険なもうひとつの「東京別視点ガイド」を、仲間内でのおでかけや大切なあの人とのデートで、ぜひご活用ください。

ウェブサイト「東京別視点ガイド」とは?

大手観光ガイドが積極的に手をつけない、へんちくりんなスポットやへんちくりんなイベントをガイドするウェブサイト。

当初は東京都内・近郊が中心だったが、2013年夏、編集長が3ヶ月をかけて「日本一周珍スポ巡りの旅」を行ってからは、全国あちこちの情報を載せるようになった。記事にした珍スポットは全国700カ所以上。2014年からは姉妹サイト「大阪別視点ガイド」「大人の東京別視点ガイド」も開設。月間ページビューは合わせて65万プレビューほど。

トークライブなどのイベントも多数主催。大型バスを貸し切って行う珍スポバスツアーは、予約が1日で埋まることもある。

最寄りの駅やマップ、オススメ度、任意のワードからの検索も可能

おしゃれなバーで一日店長。トークショーは満員御礼。(「別視点ガイドバー」＝2014年10月14日)

入りづらい珍スポも、みんなで行けばこわくない。(「おとなのバスツアー」＝2014年3月8日)

http://www.another-tokyo.com/

著者：松澤茂信
「東京別視点ガイド」編集長、ライター。
1982年、東京都生まれ。

ページの見方

写真
著者撮り下ろしの臨場感ある写真。

エリア
第2章では、タイトルに地域ごとのアイコンがつきます。

柱コメント
豆知識や取材のこぼれ話の一口メモ。

タイトル
〝場所〟ではなく、〝できる体験〟から東京を切り取りました。

通し番号
全50項目。

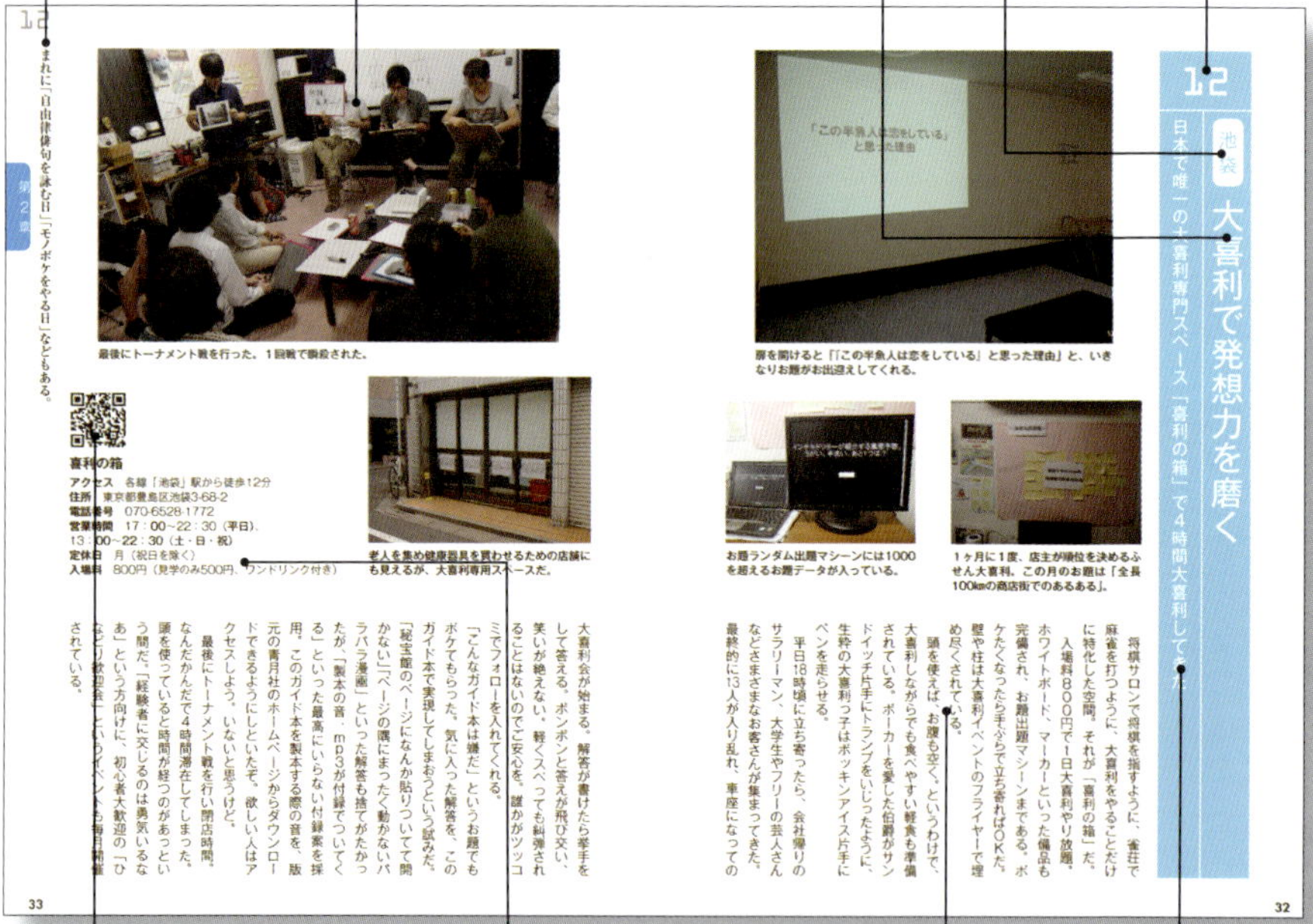

スポット情報
紹介したスポットのアクセスや連絡先、営業情報などを記しています。諸事情により一部を省略しているところもあります。

コピー
扱う場所の見所や要点を一言で。

QRコード
スマートフォン、携帯電話から公式サイトにアクセスすることができます。公式サイトがない場合は、ウェブ上のマップに繋がります。

本文
通常のスポット説明に加え、名物店主へのインタビューが含まれるところも。

●本誌の掲載データは2014年2月現在のものです。
●価格やメニューは変更される場合があります。

第1章

驚きのTOKYOグルメ

目で見て一度、食べて二度驚く、
変わり種グルメのオンパレード

01 水色のラーメンをする

「旨いラーメン屋は駅近にいくらでもあるから、そこで食べた方がいいよ」

水色ラーメン（750円）。３段階の毒（酢）で色を変えていく。近所の小学生は「毒入りラーメンください！」と注文する。

モナ王がまるごと１つ乗っかっているラーメン。冷やし中華のような酸味の効いたスープに、アイスが溶けていく。これはオヤジさんのご希望に沿えそうだ……マズイ。

女性客はサービスでチョコレートを1箱もらえるときがある。

下町・北千住の住宅街に突如姿をあらわす、赤と黄色を基調にしたサイケデリックな物体。志茂田景樹でもいるのかと近づいてみれば、そこにあるのはラーメン屋の「菊や」。店頭のホワイトボードに書かれた「紫色」「水色」「青汁」「コーヒー」「ココア」は、すべてラーメンのメニュー名だ。

カウンターだけで7席。オヤジさんが黙々と鍋をふるっている。水色ラーメンを注文すると「毒入れちゃうけど大丈夫?」と不敵な笑みを浮かべた。大丈夫ではないから毒なのだ。

水色ラーメンは、名前の通りスープが水色。絵の具を溶いたバケツのようだ。意外にもさっぱり淡麗な醤油味で旨い。トッピングの紫キャベツもしゃきしゃき小気味いい。「スープにちょっと酢を入れてみな」とオヤジさん。酢を数滴たらすと、スープがみるみるピンクに変わる。酸化で色が変わる紫キャベツの性質を活かしたラーメンなのだ。でんじろうの食い扶持をおびやかしかねない化学ショー。「土手の砂もまじってるからさ、口直しして」とコーヒーを1杯くれた。

この本に載せていいかと尋ねたら「いいよ、いいよ、そんなの好きにやって」と快諾。「でもね」と間を置き、真剣な顔をするオヤジさん。どんな条件を提示するのかと固唾を呑んで黙っていると「絶対に美味しいって書かないで! マズイんだからマズイって書いて! 頼む!」と想定外の条件をつけてきた。「旨いラーメン屋は駅近にあるから、そこで食べた方がいい。ハードル下げてくれ、お願い!」。旨いと書けと言うならわかるが、マズイと書けとは恐れいった。

50年前にラーメン屋を開業。お客さんが徐々に増え、忙しい日々を過ごした。20年前のある日、手伝ってくれていた奥さんが過労で倒れる。これを境に「あまり客が来ないようにしよう!」とふざけたメニューを出すようになる。逆走の努力。とはいえ、最近は変わり種を目当てに来る客も多い。定休日は月・木だが「ほんとはもっと休みたい」そうだ。

ココアラーメン(750円)。醤油ラーメンにココアパウダーを混ぜた一品。ほんのりと甘い。

アルカリラーメン(750円)。醤油ラーメンにアルカリ性の梅ペーストをのせる。「お好みに合わせてお召し上がりください」とアルカリ乾電池もくれる。

赤と黄色の警告色が鮮やか。扉にテープを貼りつけ、メニューを表現している。

楽食拉麺 菊や
アクセス 各線「北千住」駅から徒歩15分
住所 足立区千住大川町10-3
電話番号 03-3888-5032
営業時間 11:00～15:00、18:00～20:00
定休日 月・木

キムチがもろに入っちゃってるキムチサワー。邪悪な飲み物だ。

02 キムチサワーで酔う

変てこなサワーが100種類以上も！

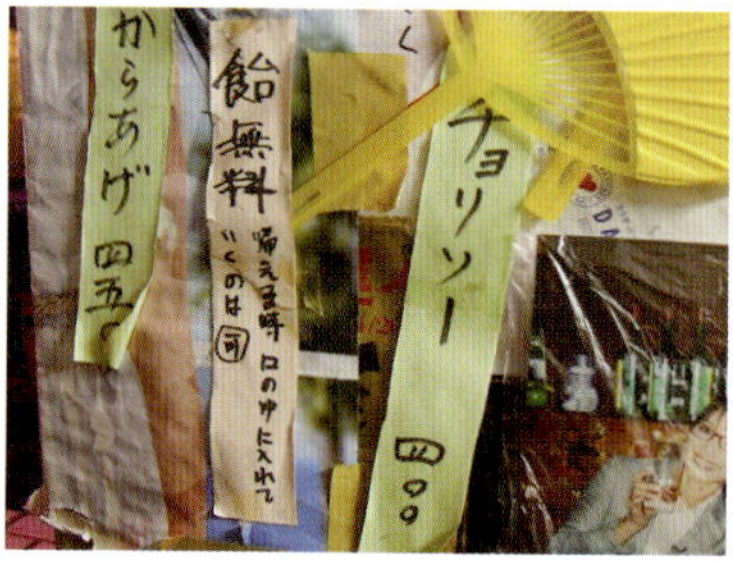

「飴無料。帰るとき、口の中に入れていくのは可」なので、できるだけほおばって帰ろう。

下町風情と若い感性が融合した谷中で、「居酒屋 兆治」の看板は異様なオーラをはなって光る。

アパートの一室に入居する兆治は、営業29年目。放任主義のマスターは、注文を受けたとき以外ひたすらテレビをぼんやり眺めている。

11月の訪問時、天井からクリスマスブーツやハロウィンのカボチャが吊り下げられていた。「賑やかになるでしょ。季節ごとに変えてるよ」。孫の手もぶらさがっていたが、いつの季節の象徴だろうか。

トイレは必ずチェックしてほしい。壁、天井、ドアを紙の切れ端が埋め尽くしている。切れ端にはマスターのつぶやき、独白が書かれ、彼のツイッターのタイムラインに迷い込んでしまったよう。内容は、夫婦仲についてのものが目立つ。『夫婦ゲンカ』とタイトルがついた1枚は「ケンカ中に風呂入ったら、生卵ぶつけられて、カキタマができるとこだった」とある。その他「あいつは美しく素晴らしい女だ。今、俺が何万回言っても前には戻れない」など不穏なものが多い。心配しつつ読み進めると、「妻

メニューの短冊が継ぎ足され、すだれのようになっている。

「近くのスーパーに新製品があると、新サワーを作るよ」と開発秘話を教えてくれた。

トイレの書き込みを長時間読みふけっていたら「腹を壊したのか」と心配された。

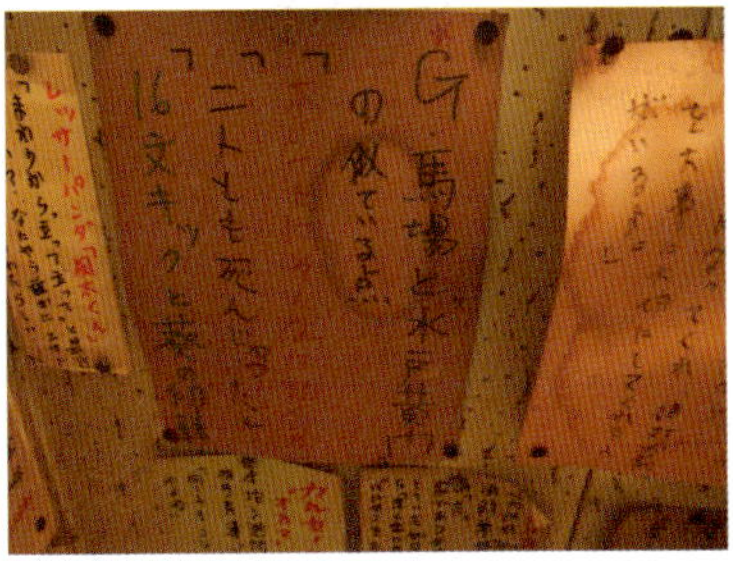

G馬場と水戸黄門の共通点は「２人とも死んじゃった」だそうだ。

も好き！　よその奥さんもっと好き！」と書かれた切れ端を発見。なんだか事情が飲み込めた気がする。

兆治最大の特徴は、サワーが１４０種類もある点。すべて４００円。半分は普通だが、半分は変わり種。変わり種サワーはトンチ系とヤバい取り合わせ系の２種類だ。トンチ系には、上戸彩サワーというメニューがある。注文すると、焼酎の入ったグラスとリポビタンＤを出された。これは上戸彩がリポＤのＣＭをやっていたから。ヤバい取り合わせ系は、おしるこサワーやコーンポタージュサワーなど字面から斬新だ。中でもキムチサワーは厳しかった。キムチ汁がアルコールと混ざり合い、動物的本能で喉が閉門した。

居酒屋 兆治

アクセス　東京メトロ千代田線「千駄木」駅から徒歩2分
住所　文京区千駄木3-31-15
電話番号　03-3823-6962
営業時間　19:00～翌7:00
定休日　なし

03

もういい大人だから3歩先のコーヒーを愉しむ

コーヒーの可能性は無限大?

子供が好きな液体はファンタと母乳、大人が好きな液体はコーヒーと鬼殺し。かくいう私もマックの100円コーヒーを嗜みつつ、この原稿を執筆しているところだ。1歩と言わず2歩も3歩も先を行き、そこから斜めに着地する、桂馬のごときトリッキーなコーヒーの世界をご案内しよう。

冷たいコーヒーラーメン（700円）。温かいコーヒーラーメンのトッピングは、ここからアイスクリームを抜いたもの。

●お昼はコーヒーラーメン

ランチは「喫茶 亜呂摩《あろま》」で「コーヒーラーメン」だ。どこにでもある町の喫茶店といった外観で、地元のおばちゃんらがカラオケを熱唱している。コーヒーベースのスープは土色で、コーヒーを練り込んだ麺が浸かっている。バナナ、キウイ、サラミ、燻製チーズがのっかり、解剖台の上でミシンとコウモリ傘が出合ったがごとき偶発的トッピング。これだけでも充分シュールレアリスムだが「お好みでどうぞ」と粉チーズを出される。チーズ・柑橘類・コーヒーが、決してハーモニーを奏でることなく、口内で膨張を続ける。まさに食のビッグバン。

●デザートは納豆コーヒーゼリー生クリームクレープ

下北沢のクレープ屋「アンドレア」は旨くて安い人気店。若輩者はチョコバナナクレープでもほおばっていればいい。我々いい大人が頼むべきはただ1つ、「納豆コーヒーゼリー生クリームクレープ」だ。寿限無の本名のごとく長ったらしい。生クリームで納豆の臭みが消され、ネバネバとしたトルコアイスのような食感が楽しめるぞ。

●バーでコーヒー占いをしてもらう

大人の夜は、当然バーだ。新宿ゴールデン街の「アジール」では世界中を旅した店主がコーヒー占いをしてくれる。中東で出会った盲目のお婆さんから伝授されたという。現地ではナンパのきっかけに、若者らも気軽にやっている占いだそうだ。

まずトルココーヒーを飲みほす。粉状の豆を煮立てているので、カップの底に粉が残る。カップを裏返し、しばらく放置。残った粉の形で未来を占うのだ。

私の未来は「戦いの火蓋は切られる！ 雨雲が立ちこめ、雷がザーザー落ちる！ 年末に目つきが変わり、猛々しい虎となるだろう！」とのこと。「なにと戦うんですか？」と尋ねたら、「たとえば既存の出版カルチャー」とあまりに巨大な敵を例示された。長いものには巻かれたい。虎じゃなくていい、かんぴょうでいい。

メニュー表に載せていない「焼肉」がなぜか２番人気。みんな深層心理ではベーシックな料理を求めているのでは。

昔、洋服の仕立てをしていたという店長。家で仕事をしたいと喫茶店を開業。コーヒーだけではあがりが厳しいのでコーヒーラーメンも始めたそう。手前にあるのは自作のペットボトルアート。ガスコンロで炙って作る。

喫茶 亜呂摩

アクセス　京成本線「お花茶屋」駅から徒歩5分
住所　葛飾区宝町2-19-16
電話番号　03-3694-9156
営業時間　11:00 ～ 21:00
定休日　火・日、不定休

納豆コーヒーゼリー生クリームクレープ(350 円)。

生クリームの上に納豆をポトリ。

アンドレア

アクセス　各線「下北沢」駅から徒歩３分
住所　世田谷区代田6-5-25
電話番号　03-3468-2597
営業時間　14:00 ～ 24:00
定休日　不定休

コーヒーを飲みほした後、カップを裏返して10分ほど待つ。この10分で未来が決まる。

残った粉の形で未来を占う。言われてみれば雷っぽいかも。

BAR Asyl (アジール)

アクセス　各線「新宿」駅から徒歩８分、新宿ゴールデン街3番街の花園神社側から5軒目、左側の2階奥
住所　新宿区歌舞伎町1-1-8
電話番号　090-3910-0605
営業時間　21:00頃～翌5:00頃
定休日　不定休
※チャージ300円、コーヒー 500円。
(バーなのでお酒飲んでくださいね)

全店制覇したら、ジャコウネコの糞から採取したコーヒー「コピルアク」も飲んでみよう。通販で買えるよ。

04 世界2位の臭いものを食べる

舌も痺れる！　卒倒必至のアンモニア臭

“世界三大臭い食べ物”をご存知だろうか。1位はニシンの塩漬けを発酵させたシュールストレミング。3位はアザラシの腹に海鳥を詰め、土に埋めたキビヤック。強豪に囲まれ、2位に食い込むのが、エイの刺身を発酵させたホンオフェだ。

韓国料理店「にっこりマッコリ高田馬場店」では、そんな世界で2番目に臭いホンオフェが食える。店長さんいわく「祝いの席でふるまわれる縁起物。クセが強すぎるんでね、若者はぜんぜん食べません」とのこと。

ホンオフェ、キムチ、焼豚がセットになった三合《サンハプ》を注文。運ばれてくるなり、尋常ではないアンモニア臭が鼻をつく。ソムリエ風に評するなら「父から子、何世代にもわたって継ぎ足し続けた魔小便といった香り」だ。サッと飲み込みたいが、筋っぽくてなかなか噛み切れない。グズグズしていると、口がビリリと痺れてくる。

「口に残った臭いはマッコリで洗い流してください」とアドバイスされ、一気飲み。マッコリのつまみに最高だと言われているそうだけど、相性云々というよりも必然的にマッコリを飲まざるを得ないというのが正解ではなかろうか。石焼ビビンバなど普通のメニューはしっかり旨いので、ディナーついでに挑戦してはいかがだろう。

近づくと強烈なアンモニア臭が襲う。小便器を鼻に詰め込まれたのかと思った。

三合（1500円）。右手前がホンオフェ。アルカリ性のホンオフェをキムチの酸性で中和し、バランスを取る。

キムチと肉でホンオフェサンドイッチの完成だ。噛まずに飲み込めばなんとかなる。

清潔でシャレた店内。ホンオフェさえ頼まなければ、旨い韓国料理をつまんで、最高の時間を過ごせる。

にっこりマッコリ　高田馬場店

アクセス　各線「高田馬場」駅から徒歩1分
住所　新宿区高田馬場2-18-11 稲門ビル3F
電話番号　03-5155-5446
営業時間　11:00～16:00、17:00～24:00
定休日　年末年始

05 虫を食べる

高田馬場で優雅な虫食《ちゅうしょく》

ホンオフェを楽しんだら、お口直し。虫を食おう。にっこりマッコリすぐ横のミャンマー料理店「ノングインレイ」で、竹蟲とコオロギが食べられるのだ。

まずは竹蟲。イモムシ状の虫で、体に等間隔で黒い斑点がある。足の突起や頭の丸っこい部分をそのままに、カラッと揚げた逸品だ。竹の中で暮らしているので、虫につきものの土臭さがほとんどない。チーズに近い濃厚な動物性の甘み、カリカリとした食感もあいまって、チーズせんべいのような味がする。結構旨い。オヤツになる。虫ビギナーでも食べやすいだろう。

コオロギ炒めの方は、現地で女性に大人気だとか。季節によっては子持ちコオロギで卵の旨みもあるという。味の方向性はエビだが、匂いは土と油がブレンドされたもの。エビが絶滅した暁に、代打を務めてほしい。

しかし、あれだ、1人で皿いっぱいの虫を食うのはなかなか恥ずかしい。周りの客に「どんだけ虫好きだよ」って思われてんだろうなと、いままで味わったことのないタイプの自意識が芽生えた。

コオロギの炒めは900円。中指ぐらいの長さのコオロギが10匹。結構デカい。手足がトゲトゲしてるから、口内で刺さらぬよう要注意。なお、竹蟲もコオロギも冬は置いていない場合がある。

竹蟲（900円）。見た目はグロテスクだが、味はかっぱえびせんのよう。やめられない止まらない。

今まで食べた虫で一番旨かったのは蚕サナギの燻製。チーズのような甘みがある。

新宿歌舞伎町の「上海小吃」では蜂の幼虫（1500円）やサソリ（1800円）が食べられるよ。虫だけでなく、鳩の丸焼きや豚の脳みそなどの珍味も豊富だ。

上海小吃（シャンハイシャオツー）
アクセス　各線「新宿」駅から徒歩8分
住所　新宿区歌舞伎町1-3-10
電話番号　03-3232-5909
営業時間　18:00～翌5:00（平日）、18:00～翌2:00（日・祝）
定休日　なし

ノング インレイ
アクセス　各線「高田馬場」駅から徒歩1分
住所　新宿区高田馬場2-19-7
電話番号　03-5273-5774
営業時間　11:30～23:30
定休日　なし

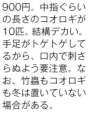

わーわー言いながら網を引く子供たち。気分は綱引き。

06 地引網漁してすぐバーベキューする

江の島で力を合わせて地産地消

漁をして、その場で獲物を食う。観光漁専門店「殿網」なら、そんな男のロマンを叶えてくれる。地引網をし、獲物でバーベキューが楽しめるのだ。

てっきり辺鄙な漁港でやるものだと思い込んでいたが、現場は片瀬江ノ島駅から歩いて8分の浜辺。サーファーやデートをするカップルで賑わう。今回は小学校のクラスイベントで来ていた60人のグループに交ぜてもらった。

４００〜６００ｍほど沖に、弧を描くように網が仕掛けてあるという。「さー、準備ができたよ！　網を引いて！」の号令に、テントから飛び出し、網をつかむ子供たち。はじめはモーターでも巻くけれど、最後の２００ｍは完全に人力。子供と親60人が網引きの要領で、うんしょうんしょと引くこと15分。無数の魚をからませて、網が引き上げられた。ブルーシートを覆い尽くさんばかりの小イワシ、シラス、シュモクザメにウミヘビ。サバも30匹はいるし、フグだって10匹以上いる。大漁だ。ピチピチと跳ねまわり、Tシャツにウロコがつきまくった。運がよければタイやカツオ、60㎝超のスズキもかかるらしい。

「ゴンズイいる！　取って取って！」

スタッフさんがせっせと取り除くのは小さなナマズ。ひれに毒があって刺されると激痛が走る。魚を手づかみして遊んでいる子供たちに「フグは触らないでね～」と注意をうながす場面も。毒があって危ないからではなく、噛みつくから。アゴの力が強く、指の肉を噛み切られる。捕獲後にも危険をはらんでいるから、漁師さんがサポートしてくれるのは心強い。

獲物は厨房でさばいて、どんどん焼いていく。基本的に調理はお客さん自身の役目。料理自慢のお母さんたちが、新鮮な魚たちを次々と料理に変えていく。サバは内臓を抜いて塩焼き。カマスはカルパッチョ。シラスは手に取り、生で踊り食い。自力でとった魚をすぐさま浜で食えるなんて、とても贅沢だし、文句なく旨い。

食べきれなかった魚は持ち帰り可能だ。いい土産になるね。

ブルーシートを埋め尽くすほど、魚がとれた。それでも本日の漁果は「まあまあ」だって。

網を引き上げた後、カモメやカラスがおこぼれ狙いで集まる。

フグもいるけどフグの調理師免許がないから食べられないそうだ。無念。

シラスは巨大バケツいっぱいにとれる。江の島って生シラス丼が名物だもんね。

さばいたサバをバーベキューする。とって食べて最高の休日だね。

とれたてシラスをそのままいただく。塩の香りが強くって海水を口に含んでいる感じ。

殿網

アクセス　小田急江ノ島線「片瀬江ノ島」駅から徒歩8分
住所　神奈川県藤沢市片瀬海岸3-26-15
電話番号　0466-50-2333
※要予約（電話、もしくはウェブフォームから）
定休日　不定休

コラム 1

金をかけたくない相手と行け！ 1日中出かけても0円のデートコース

「週末、デートの予定がある。でも、金をかけるほどの相手ではない。1円たりとも使いたくない！」

そんな打算にまみれたお相手をお持ちのあなたに、コスパ最強のデートコースをご紹介しよう。交通費だけSuicaに突っ込めば、1日中遊びまわっても0円。食欲の方はデパ地下で試食をつまむなり、道ばたのツツジの蜜をすするなりして、なんとかしのいでいただこう。

1

タイヤ公園（蒲田） ☞124ページ

公園なので無論0円で遊べる。タイヤの恐竜にまたがったり、タイヤのブランコではしゃぎまわれば、童心を忘れていない純真な大人アピールができるぞ。

2

品川富士（新馬場） ☞46ページ

本物の富士山に登るとなれば、装備品だの山小屋代だので2人で数万はふっ飛んでしまう。が、富士塚ならば着のみ着のまま登ればいい。体を動かして、お金のことはすっかり忘れてしまおう。

3

老眼めがね博物館（池袋） ☞30ページ

初来店のお客さんは「老眼鏡1本無料プレゼント」なので、おそろいの老眼鏡をゲットしよう。サングラスも爆安で200円から販売している。太っ腹ないいところを見せたければ、それらを買ってあげてもいいだろう。

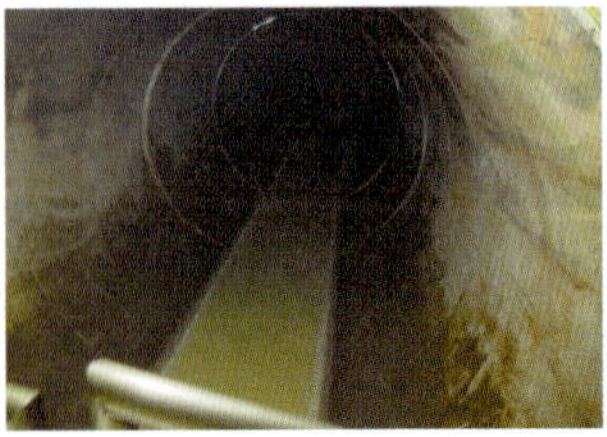

4

ふれあい下水道館（鷹の台） ☞42ページ

地下5階にある下水道の中は、1年通して22度程度と快適そのもの。デートにぴったりなポカポカスペースだ。現役バリバリの下水道に入るというドキドキ感で、吊り橋効果も期待できるぞ。

第2章

いつもの街で変わった遊び

副都心のすきまに咲き誇る、
超個性派サービス

ゼネラルマネージャー＆店長さんとハーレムショット（追加料金1000円）。
ギャルのテンションにあてられて、生まれて初めてのダブルピースだ。

07 渋谷 ギャルとタメ口で話す

アキバはメイドカフェ、渋谷はギャルカフェ

抜き身の渋谷文化を浴びたいなら、うってつけなのが「ギャルカフェ10sion」だ。入店するなりカウンターのギャルたちから「ちょりざーーっす!! 誰だよ!?」と先制パンチを食らった。「ちょりざっす」はこの店のオリジナル挨拶で「いらっしゃいませ」の意。「乾杯」を意味する「ちょりおつー」など独自の言語体系を築いている。「取材に来た松澤です」と怯みつつ自己紹介すると、「あのテーブルで待っててー！」と案内された。ちょこんと座って待ってると、先ほどのギャルがカウンターの客に「があああああっ!!!!」と叫んで威嚇していた。

ギャルカフェには1つのルールがある。それは敬語禁止という鉄の掟。「みんな友達って雰囲気になるし、ありのままがウリだから！」と敬語を禁じた。友人にさえ、時折、敬語が出てしまう私にはキビしい制

「明るくはっちゃけたギャル魂を持ってること」がスタッフの条件だとか。

カウンターはプリクラで埋め尽くされている。一括りにギャルと言っても、ヤマンバや黒ギャル、age嬢に渋原系と、いろんなタイプのギャルがいる。タイプを横断しての交流は普段はあまりないそうだが、共に働けば自然に馴染むそうだ。

割合的には男性客がやや多いものの、カップルや東京観光の親子連れまでと客層は幅広い。ギャルママが育児疲れをリフレッシュしに来たり、オープンからラストまでいてくれる神さまのようなおじいちゃんもいるそうだ。

約で「〜ですよね」と言ってしまう。そのたび「タメ口じゃないとダメだから！」と叱られた。社会常識とは真逆の説教。とはいえ、彼女らも仕事上の電話やメール、業者さんへの対応には敬語を使うそう。さすがはプロギャル。ビジネスタメ口の使い手だ。

「ギャル＝ドSで強くて恐るべき存在」という偏見を持っていたが、ここのギャルは案外優しい。同行者がノれてなかったときも「ノリ悪っ」なんて罵倒はされず、むしろ「東大生みたいにマジメ！」「ワンチャンとかしなそう！」と褒められていた。私も「妹がいたら綺麗っぽい」と遠まわしに褒められた。「ギャルは気持ちが強めだけど、みんな純粋でいい子だよ」とゼネラルマネージャーのきょんさん。強めなイメージからか「殴ってください」と突拍子もない注文をするドMな客もいたそうだ。

目隠しをしてメニューを当てる、利きカクテルに挑戦。まったくわからなかったので、適当に「カシスソーダかな」と答えたら「は、どういうこと？　炭酸あったわけ？　ないよね？」と責められ不正解。「ごめんなさい、炭酸なかったです……」と謝りつつも、なにかに目覚めてしまいそうな昂ぶりを感じた。

真剣白刃取り、パターゴルフでギャルと戯れることも可能だ。

デカメライス1200円。カラコンして大きくなった目がモチーフだ。

ギャルカフェ 10sion

アクセス　各線「渋谷」駅から徒歩5分
住所　渋谷区宇田川町13-9 KN渋谷2ビル7F
電話番号　03-6416-0419
営業時間　12:00 〜 24:00
定休日　なし

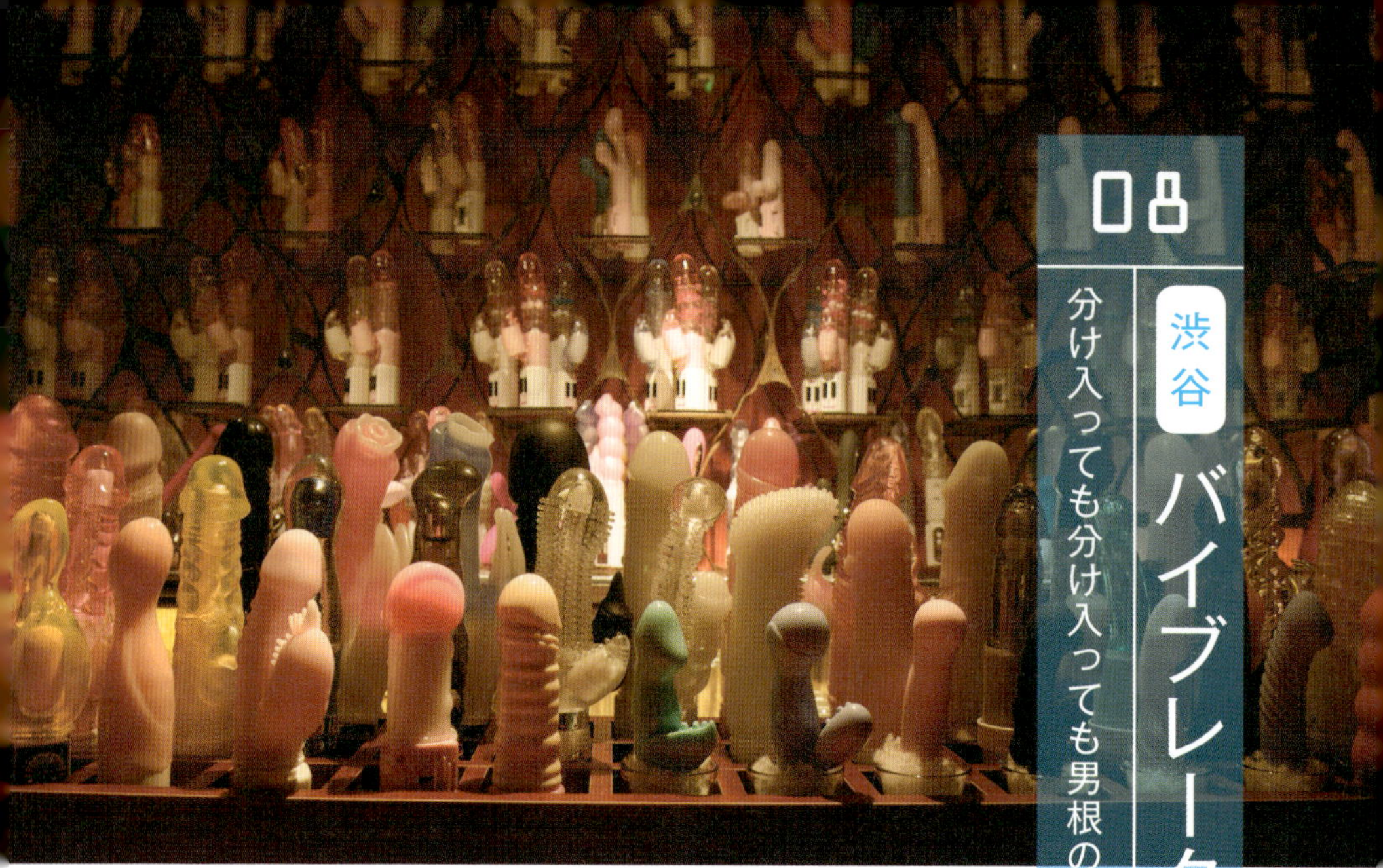

08 渋谷 バイブレーターを極める

分け入っても分け入っても男根の森

男性器をモチーフにしている柱も。カウンターのイスがスケベイスっぽかったり、とにかく徹底している。

「オキニのバイブが欲しいけど、ウチに合うのがわかんな～～い！」

そんな迷える子羊ちゃんに朗報。３３０本以上のバイブをゆっくり吟味できるバーが、渋谷にできたぞ。

「ザ・バイブバー」を運営するのはアダルトショップＷＩＬＤ ＯＮＥ。「硬ければ硬いほど、良い」「作動音が静かなのを頂戴」「ぐるぐると回るタイプを……」などと要望を伝えれば、バイブコンシェルジュがあなた好みの１本を探し出してくれる。オキニを見つけたら通販サイトで購入可能だ。

バーカウンターには色とりどりのバイブが並び、ナウシカの腐海を思わせる。柱は男性器、イスや鏡は女性器をモチーフに作られている。店の扉も女性器型。まさに入り口と呼ぶにふさわしい。徹底した内装だ。女性・カップル限定のお店なので、男性だけでの入店はできない。

「ひとくちにバイブと言っても、デザインや用途、テクスチャーは多岐にわたります」とコンシェルジュ。どうやらダーウィンの進化論はバイブにも適用されるようだ。

たとえば最近、熱いニーズを生んでいる

のが潮吹き用バイブ。棍棒状のゴツゴツした突起がポイントを刺激する。「潮を吹かせたい」というのは男性サイドの欲望と思いきや、性の演出として潮吹きを取り入れる女性もいるそうだ。格闘マンガのエフェクトがごとく「あたし、いま、感じてます！」をド派手に可視化し、パートナーを喜ばせる。

ひと昔前のピストンタイプは突起を伸縮させたので、「グイーン、ガシャ！」とロボコップが動きまわっているようなデカい作動音がネックだったが、最新のドイツ製はなめらかな動きで、音もしない。確かな技術進歩。さすが工業大国ドイツである。

「初心者は1本モノから始めるといいですよ。クリも刺激するラビットタイプは、慣れないとジャストミートが難しいので」と差し出してくれた北欧製の1本モノ。あまりにオシャレな棒なので、家族に見つかっても、よもやバイブとは思われまい。日本刀ではなく、バイブを居間に飾る時代がやってくるかもしれない。

聞くこと聞くこと知らない知識ばかりで、大変勉強になる90分だった。

1 「子持ちのリク」「ドクター穴松」などのオリジナルカクテルは自社製ローションと同じ名称。ローションと同じ色になっている。

2 トイレには、閉館した秘宝館から譲り受けた人形が置かれている。

3 WILD ONE オリジナルの「ピンクデンマ 2」はアタッチメントが付け替えできる。「加藤鷹の手」という、やたらリアルな腕のアタッチメントもあるよ。

4 膣トレボール。ピクミンではない。片方の玉を挿れ、力を加えると震える。震えは、モチベーションアップのための報酬だそうだ。

5 すだれをめくるとフィストファック用のバイブが。デカすぎてまっすぐ立たず、壁に寄り掛けている。

バイブバー公式サイト
http://www.vibebar.jp/

ザ・バイブバー・ワイルドワン

アクセス 各線「渋谷」駅から徒歩３分
住所 渋谷区道玄坂2-7-4 清水ビル3F
電話番号 03-5456-1100（17:00～24:00、月～土）、03-3477-0800（9:00～17:00、月～金）
営業時間 17:00～24:00
定休日 日・祝
料金 基本コース2500円（90分制、2ドリンクつき）
※バイブバー公式通販サイト http://www.vibebar.jp/ec/catalog/
（QRコードリンク先のページ内）

09

新宿 ロボットレストランで感動する

ごった煮のアジアカルチャー！　これが日本の祭の最終進化形だ!!

30～40名のダンサーが在籍。常時15～20名がショーに出演している。キレッキレのダンスが最高！（写真提供：齋藤洋平）

3ヵ月に1回ほどのペースでショー内容は大きく変わる。マイナーチェンジはもっと頻繁に実施されているから、マジで何度行っても新鮮！

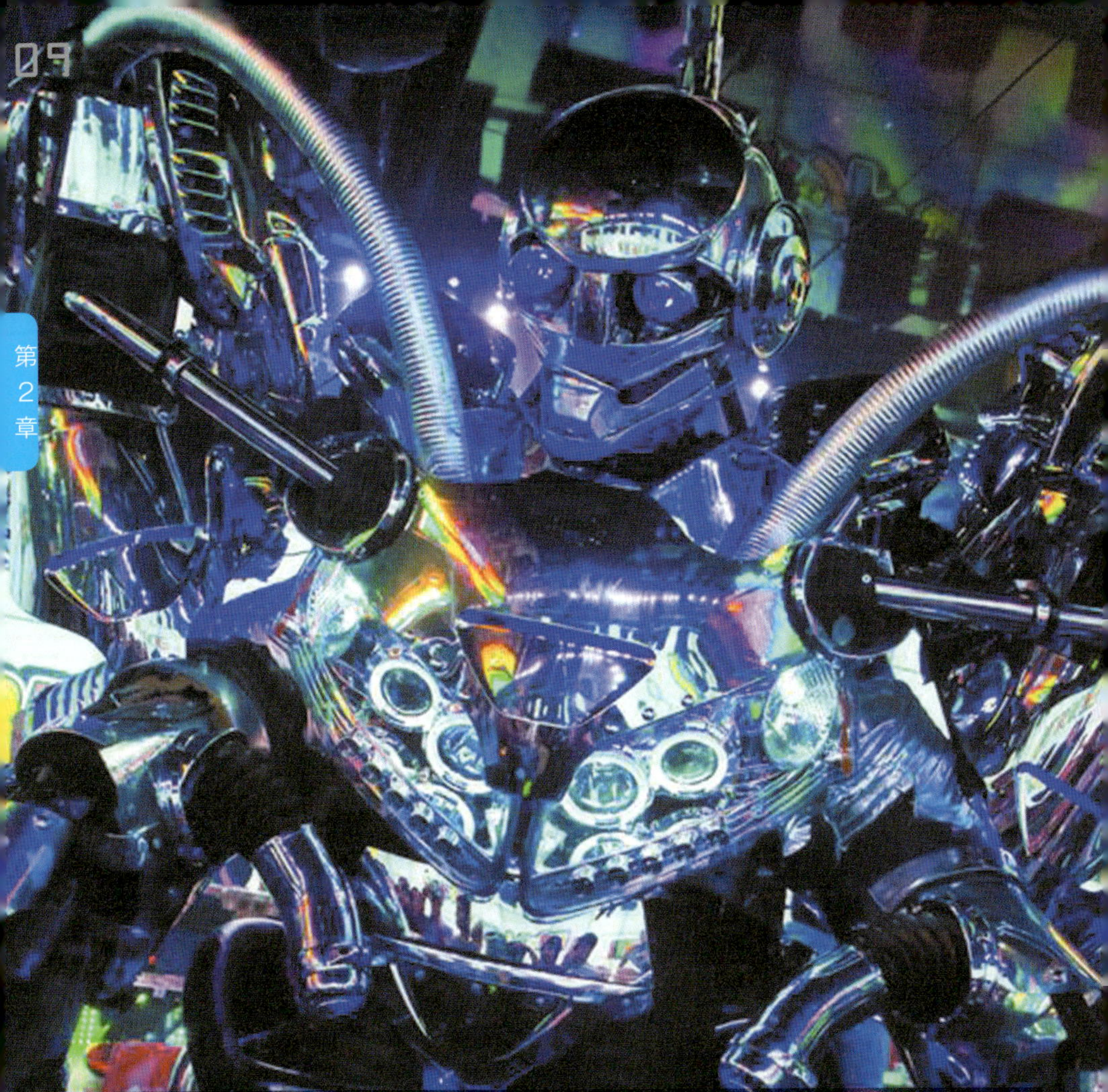

新宿は歌舞伎町のど真ん中。ネオンあふれる一帯で、ひときわ光り輝く存在がある。言わずと知れた「ロボットレストラン」だ。光り輝くというのはレトリックでなく、実際に物理的に輝いている。エントランスもエレベーターも、壁も天井も、極彩色の電球でピンピカに輝きまくり、日本とは思えないばかりか、この世であるのかさえ疑わしいほどの非現実感。

ショーの開始まで待合室で待つ。「どこにもない待合室を見せてあげたい」という思いを実現したとのことだが、ほんとだ、こんな待合室見たことがない。黄金色でふかふかのイス、壁一面のでっかい液晶画面に映し出される女性ダンサーらの美しい踊り、そして、ロボットミュージシャンによるピアノやギターの生演奏。なにもかも、ここでしかできない体験の連続で、待合室にしてすでに満足度は100%に達してしまう。

時間になったら、地下2階のショー会場へ移動する。ショー会場といっても演者と客の距離は近い。舞台を挟む形で客席が並

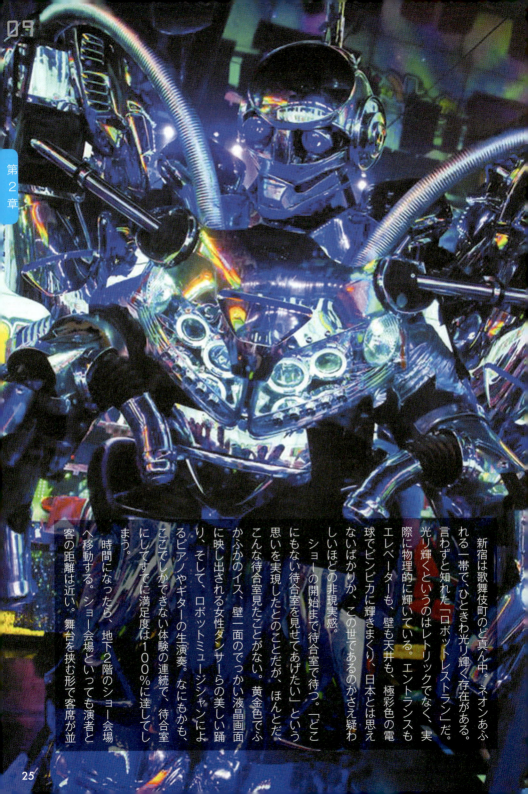

んでいる。ざっと客席を眺めると、外国人がものすごく多い。なんでも、客の75%を占めているのだという。オープン半年後ぐらいから海外メディアの取材が増え、外人客も増えたとか。アナウンスも英語対応だし、スタッフにもバイリンガルの外人さんがいるし、ますます、この場が新宿だとは思えなくなる。

暗転とともに、力強い太鼓の音が鳴り響き、勇ましくショーはスタートした。連獅子のような衣装をまとった女性ダンサーたちが、躍るように太鼓を叩く。龍の出しものがうねりながら飛びまわり、天狗がギターを弾き、般若がドラを打つ。のっけから、ごった煮のアジアカルチャーがすさまじき熱量で爆発している!

1

2

「俺は、いま、とんでもないものを目撃している!」と圧倒されているうちに、第1幕は終了。ついさっきまでの熱狂とは打って変わって、幕間の音楽は穏やかなジブリのインスト曲だ。第2幕、3幕と進むにつれて、ショーのテンションも青天井に上がり続ける。ロボット同士がボクシングをするくだりでは、1人の客が指名され、ステージへ。巨大なグローブをはめたブロンドヘアーの女性が、ロボットをボコボコに撃破。観客たちも沸きに沸く。

ショー終盤、観客たちにサイリウムが配られる。登場するロボットたちも大掛かりになってきた。胸の部分にダンサーが乗り込んで操縦する巨大女性型ロボット（ロボ子）もいれば、身の丈3m近くあるシルバーメタリックのロボもいる。それらのロボットが音楽に乗って、ノシノシ動きまわり、ダンスを踊る。ロボットは全部で30体ほど。タイヤの動きを研究し、基盤から作り上げる。ゼロから製作するので、それぞれ完成までに3ヵ月はかかるという。作る側もマジなら踊る側もマジ。関わる人間すべてのマジが、見る者の心を揺さぶる!

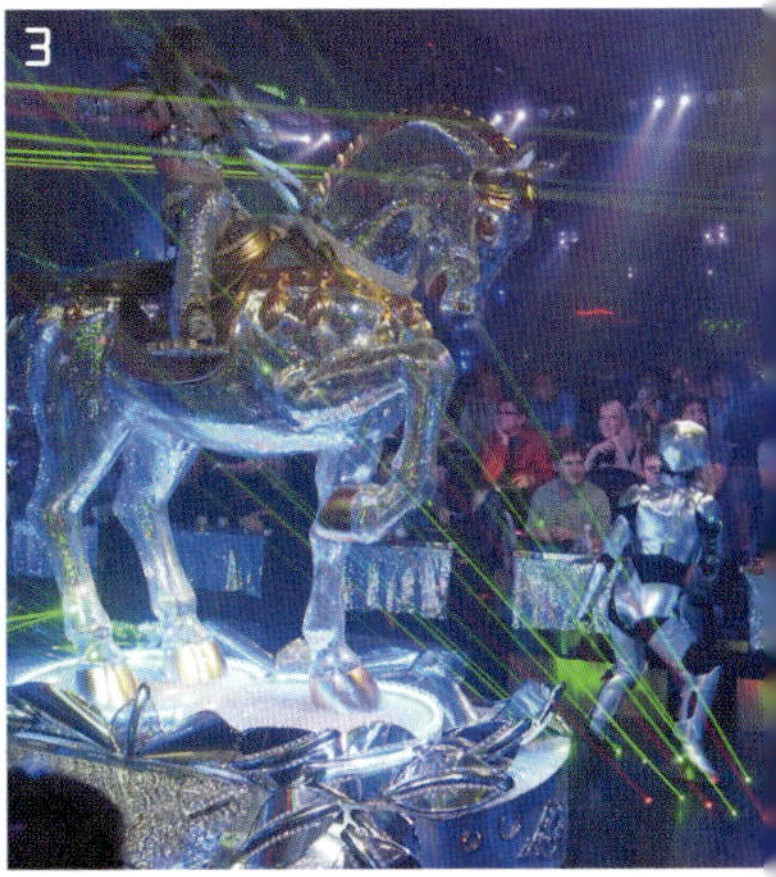

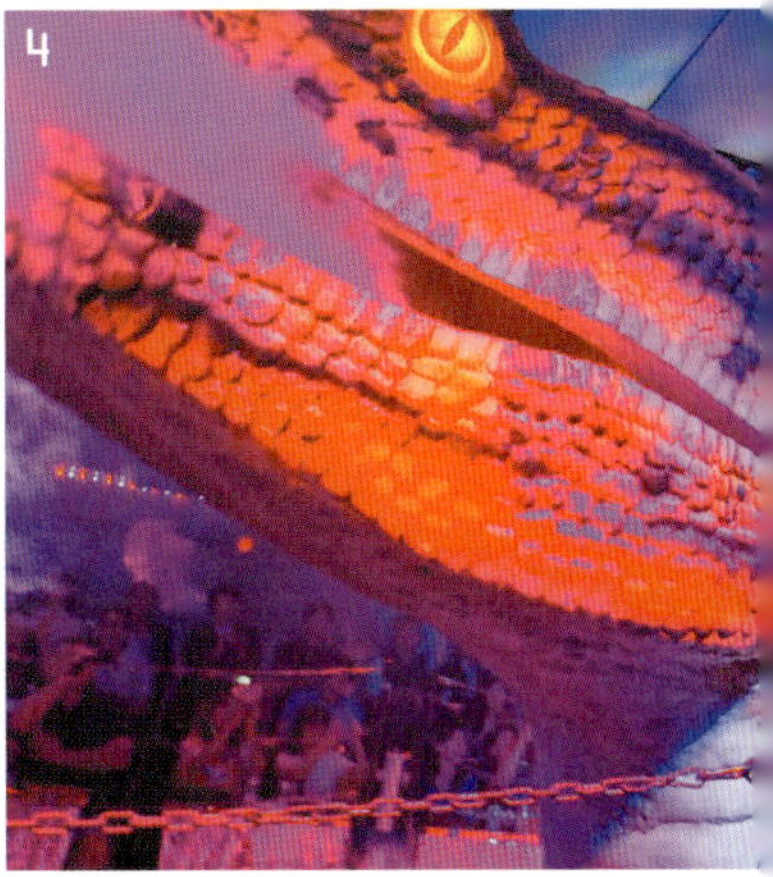

1 この世で唯一無二の待合室。ショーへの期待感がぐいぐい高まる。

2 待合室ではロボットたちが生演奏をしてくれる。

3 光り輝く白馬にまたがり、シンガーが歌う。

4 こんなにでっかい大蛇も出てくる。（写真提供：齋藤洋平）

5 発想の元はロボットアニメだとか。１体１体が個性的な造形をしていて、クールなんだよなあ。

そして、いよいよ最終幕。セガの名作ゲーム「サクラ大戦」のテーマソングが爆音でかかる。大量のレーザービームを放出しながら、電飾ビカビカの戦車が登場。大砲にまたがるダンサーたちが手を振り、声を上げ、観客をアジりにアジる。応えて観客も、サイリウムを激しく振る。この雰囲気、まさに祭りそのもの！　戦車が山車に見えてきた！　祭りじゃ、祭りじゃ――!!　これが日本の祝祭じゃあ!!

あまりにも濃密な90分。今までに味わったことのない謎の感動が襲ってきて、最後、ちょっと涙が出そうになった。

ロボットレストラン
アクセス　各線「新宿」駅から徒歩５分
住所　新宿区歌舞伎町1-7-1　新宿ロボットビルB2F
電話番号　03-3200-5500
営業時間　16:00～23:00
定休日　なし
電話もしくはウェブからの完全予約制、料金7000円

10

新宿

密室から脱出する

いつでも遊べる常設型「リアル謎ときゲーム」

謎を解き進め、ミッションクリアを目指す「リアル謎ときゲーム」。今や多くの団体が入り乱れ、ビギナーはどれに行けばいいかわからない状況。というわけで、いつでも遊べる常設の謎ときゲームを3つ巡ってみた。

●なぞともカフェ

ナムコが運営する「なぞともカフェ 新宿店」は歌舞伎町のドンキホーテの上にある。小部屋が複数あって、好きなものを選べる。制限時間は765秒とスピーディーだ。小部屋はそれぞれ別の謎団体がプロデュースしているので、1ヵ所で色々な謎を楽しめるライブフェスのような空間である。クリア率10%を切る難問もあるが、50%を超える容易なものも用意されており、ビギナーでも楽しめる。簡単な謎に入れば、デートでも無様な姿を見せずに済むだろう。

少女が監禁死した部屋から逃げる「ホワイトルーム」をやってみたが、狭いスペースと短い制限時間ながら練り込まれた構成で、かなり熱くなってしまった。

●ヒミツキチオブスクラップ

スクラップは謎ときゲームの草分け的存在で、全国各地に常設店舗を構えており、東新宿にも「アジトオブスクラップ」という密室のアトラクションがある。店長いわく「大人が物語に入り込んで全力で楽しめるように、ギリギリ解けそうで解けないようにしている」そうで、成功率平均10%前後と難度は高い。

今回は「原宿ヒミツキチオブスクラップ」の「宇宙怪獣からの脱出」という公演に参加。その場で6人組を作り、テーブルを囲む。オープニング映像を見たら、ホール中を駆けまわり、60分以内の脱出を目指す。常連さんが多いチームだったので、私が簡単な謎を解いているうちにじゃんじゃん進めてくれた。

●東京ボウズアジト

「うちは成功率100%を目指しています。だから、制限時間ラスト1秒が異常に長いんです」とふーちゃんさんは笑う。アフロ頭が特徴的な彼だが「謎ときのストーリーで爆発する演出がありまして。ウケるかなって思って、自毛でほんとにアフロにしちゃった」そうだ。「頭が小学生なんでウンコが好きなんです」と、どの公演にも必ずウンコを登場させる。開演前に常連さんにインタビューしたら「これ、本当の取材? もう謎とき始まってる?」と疑われた。「The脱獄ゲーム3」をやってみたが、まるで参加者全員を巻き込んだ集団コントのようだった。

取材したみなさん、口々に「謎とき人口を増やしたい」と言っていた。

なぞともカフェ

「カップ謎」というお持ち帰り用の謎も売っている。

ホラーテイストの「ホワイトルーム」。

畳敷きの和風の謎も。部屋によってまるっきり雰囲気が違う。

なぞともカフェ 新宿店

アクセス　各線「新宿」駅から徒歩５分
住所　新宿区歌舞伎町1-16-5 新宿ドンキホーテビル７F
電話番号　03-6205-5606
営業時間　16:00～23:00（平日）、11:00～23:00（土日祝）
定休日　不定休
※謎ときのコンテンツは入れ替わるため、ウェブサイトをご確認ください。料金1080円、事前予約不要。

ヒミツキチオブスクラップ

６人組で解く「ヒミツキチ系」、マンションの部屋で解く「アジト系」、野球場や遊園地で開催する「大型公演」があるそうだ。

常連さんを納得させつつ、新規の人でも楽しめるちょうどいい謎を作るのが難しいという。

原宿ヒミツキチオブスクラップ

アクセス　東京メトロ各線「明治神宮前」駅から徒歩2分
住所　渋谷区神宮前4-28-12 ジャスト原宿B1F
電話番号　03-6804-1021
営業時間　イベントにより異なる
定休日　不定休
※イベントごとにチケットを事前販売。当日券の情報はツイッターにて発信中。

東京ボウズアジト

「茶番満載の謎ときです！」とおっしゃるふーちゃんさん。寸劇をしつつ話を進める。

この監獄セット、平日はそのままオフィスとして使われているそう。

東京ボウズアジト

アクセス　各線「桜新町」駅から徒歩８分
住所　世田谷区用賀2-1-2　アーバンヒルズ桜新町1F
電話番号　03-3700-2008
営業時間　9:30～21:00
※土日祝は1日4公演（9:30～／12:30～／15:30～／18:30～）。平日の開催はありません。

11 池袋 10円でメガネを買う

「廃業覚悟」の看板に偽りなし

「老眼めがね博物館」という名称だが博物館ではない。老眼鏡とサングラスが主力のメガネ屋さん。壁、天井に1万本のサングラスがすきまなく貼りつけられ、スーパーカミオカンデを彷彿とさせる輝きぶりだ。

　この店のすごさは、尋常ではない安さ。8割引9割引は当たり前。メガネ問屋が運営しているアウトレット店とはいえ安すぎる。「吉田茂めがね」と名付けられた丸メガネなんて、驚きの10円ぽっきり。うまい棒か。劇団員が芝居用に大量購入するケースもあるそうだ。

「廃業覚悟のメガネ問屋。年間休みなし、給料なし。破れかぶれの貧乏タレのハゲおやじが、命の限り安くします」がモットーで、切手・テレカ・金券でも買える。

　極めつきは無料進呈サービス。初来店の客に、タダで1本老眼鏡をあげている。もはや安いとかそういう次元ですらない。1年で平均2万本は無料進呈している。「広告費と割り切ってる。新聞広告出すときもあるけど、メガネあげますとしか書かないからね」と、店長さんが広告戦略を語ってくれた。「前さ、新聞広告出したら『事情があって行けないので郵送してほしい』ってハガキが何通か来たことあって。みんな同じ住所なの。なんだろうって調べたら、拘置所と刑務所だったね」なんてことも。フィリピンやアフリカのお年寄りへもタダでプレゼントしているそうだ。

「牛丼価格にしました280円」「買ってはいけないサングラス！　2年間で1本しか売れませんでした！」とPOPもハイセンスだ。499円50銭と値付けをし、お釣りでほんとに50銭札を渡したりと売り方への工夫に妥協なし。

　丼いっぱいにサングラスが盛られた「大盛サングラス1山395円」をお土産に購入。レジのおばちゃんが袋に詰めつつ、本数を数え出し「1、2、3……9、10。あ、10本か、足りないね。あそこの無料進呈のコーナーから何本か取ってって」と言われた。いやいや、10本あれば一生足りるよ。目を大きく見せるため、タレントが老眼鏡を買っていくこともあるそうだ。

「池袋は東上線が走っているため、安く設定しました」というわけのわからない理由で安売りされているメガネ。なんでもアリだ。

ヒットポップスCDも48円で売っていた。通販で売れ残ったそうだ。赤裸々だなあ。

吉田茂めがね。10円。

1山395円。サンマじゃあるまいし1山なんてメガネの売り方見たことない。

軽井沢の貴婦人用サングラス。「21才～49才までの女性で軽井沢リゾウトに限る」そうで、購入には年齢確認が必要。

499円50銭のメガネを買うと、50銭をお釣りでくれる。もちろん本物の50銭札。

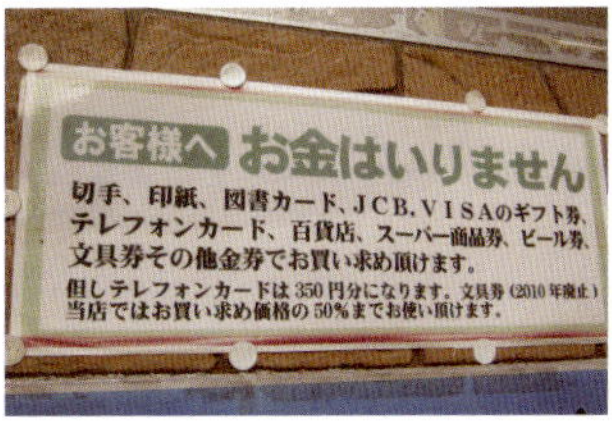

とうとう「お金はいりません」って宣言しちゃったよ。

老眼めがね博物館

アクセス　各線「池袋」駅から徒歩6分
住所　豊島区南池袋3-16-9
電話番号　03-3984-5652
営業時間　10:30～19:00
定休日　水

12

池袋

大喜利で発想力を磨く

日本で唯一の大喜利専門スペース「喜利の箱」で4時間大喜利してきた

扉を開けると「『この半魚人は恋をしている』と思った理由」と、いきなりお題がお出迎えしてくれる。

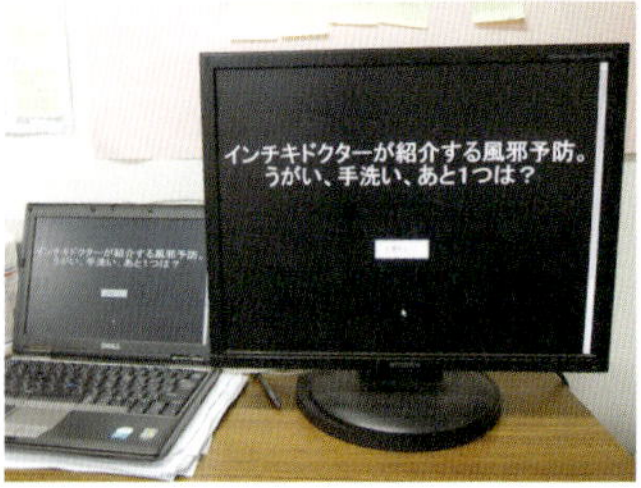

お題ランダム出題マシーンには1000を超えるお題データが入っている。

1カ月に一度、店主が順位を決めるふせん大喜利。この月のお題は「全長100㎞の商店街でのあるある」。

将棋サロンで将棋を指すように、雀荘で麻雀を打つように、大喜利をやることだけに特化した空間。それが「喜利の箱」だ。

入場料800円で1日大喜利やり放題。ホワイトボード、マーカーといった備品も完備され、お題出題マシーンまである。ボケたくなったら手ぶらで立ち寄ればOKだ。壁や柱は大喜利イベントのフライヤーで埋め尽くされている。

頭を使えば、お腹も空く。というわけで、大喜利しながらでも食べやすい軽食も準備されている。ポーカーを愛した伯爵がサンドイッチ片手にトランプをいじったように、生粋の大喜利っ子はポッキンアイス片手にペンを走らせる。

平日18時頃に立ち寄ったら、会社帰りのサラリーマン、大学生やフリーの芸人さんなどさまざまなお客さんが集まってきた。最終的に13人が入り乱れ、車座になってのまれに「自由律俳句を詠む日」「モノボケをやる日」などもある。

最後にトーナメント戦を行った。１回戦で瞬殺された。

喜利の箱

アクセス　各線「池袋」駅から徒歩12分
住所　豊島区池袋3-68-2
電話番号　070-6528-1772
営業時間　17:00～22:30（平日）、13:00～22:30（土・日・祝）
定休日　月（祝日を除く）
入場料　800円（見学のみ500円、ワンドリンクつき）

老人を集め健康器具を買わせるための店舗にも見えるが、大喜利専用スペースだ。

大喜利会が始まる。解答が書けたら挙手をして披露する。ポンポンと答えが飛び交い、笑いが絶えない。軽くスベっても糾弾されることはないのでご安心を。誰かがツッコミでフォローを入れてくれる。

「こんなガイド本は嫌だ」というお題でもボケてもらった。気に入った解答を、このガイド本で実現してしまおうという試みだ。「秘宝館のページになんか貼りついてて開かない」「ページの隅にまったく動かないパラパラ漫画」といった解答も捨てがたかったが、「『製本の音.mp3』が付録でついてくる」といった最高にいらない付録案を採用。このガイド本を製本する際の音を、版元の青月社のホームページからダウンロードできるようにしといたぞ。欲しい人はアクセスしよう。いないと思うけど。

最後にトーナメント戦を行い閉店時間。なんだかんだで4時間滞在してしまった。頭を使っていると時間が経つのがあっという間だ。「経験者に交じるのは勇気いるなあ」という方向けに、初心者大歓迎の「ひなどり歓迎会」というイベントも毎月開催されている。

13 池袋 探偵と飲む

探偵はカフェにもいた

「探偵が普段どんな仕事をしてるのか、カウンター越しにお話しするカフェなんです」とバーテンさん。

「探偵 cafe プログレス」は、探偵事務所が運営。バーテンダーはすべて現役探偵だ。寡黙でイケメンな男性探偵もいれば、おっとりとしたカワイイ女性探偵もいる。

「怪しいイメージを払拭したいんですよ。別に隠れ潜んでるわけじゃないんで、我々」と笑う。

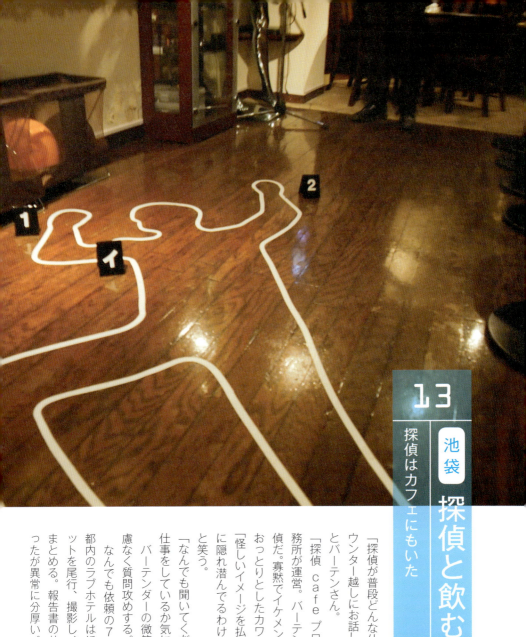

「なんでも聞いてください。探偵がどんな仕事をしているか気になりませんか?」

バーテンダーの微笑みに心ほぐされ、遠慮なく質問攻めする。

なんでも依頼の7割は浮気調査だとか。都内のラブホテルはほぼ把握済み。ターゲットを尾行、撮影し、一部始終を報告書にまとめる。報告書のサンプルを見せてもらったが異常に分厚い。1日の尾行で、新書

恋人の浮気をチェックするための秘密の薬も売ってるぞ。パンツにひと噴きするだけで……!

探偵コントを見て、やってみたいなと転職したという女探偵。「探偵の仕事じゃないですが」と笑いながら、指紋採取（800円）のお手本を見せてくれた。

サボテンのナムル（800円）は茎ワカメみたいなネバネバした食感。探偵＝ワイルド＝ワニという連想からでワニ肉料理もある。

浮気調査報告書は写真満載ですごい分厚さ。大人のコロコロコミックだ。

盗聴器発見体験はタダ。盗聴器を探しているのである。決してのぞき趣味ではない。

1冊分にもなる。中谷彰宏も真っ青の量産態勢だ。浮かび上がった実態に応じ、アフターフォローも行う。弁護士を紹介する場合もあれば、人生相談に乗ることも。関係改善を望む依頼者も多く、全員が離婚を求めるわけではないそうだ。

「探偵はチームプレイ。女性の方が警戒されず聞き込みできるし、下着売り場まで尾行できる。また、相談業務などはそれなりの年齢の探偵の方が心を開いてくれます。探偵の仕事はどんなに優秀でも1人じゃできないんです」という話が意外だった。

「ホテルでやることだけやってバイバイってケースと、1日仲良くデートしてるケースじゃ、まったく対処が違いますし。まず真実をつかむのが、我々の仕事です」

浮気調査に次いで多いのは、人探し。ここ最近はストーカー対策も増えたという。被害の証拠を集め、警察に動いてもらう。ストーカー問題を解決してもらったことがきっかけで、自身が探偵になった女性バーテンダーもいた。

かくも興味深い探偵話をしていたら、あっという間に2時間経過。「実は相談したいことがあって……」と、カフェのお客がそのまま依頼者になることもしばしばだとか。

探偵 cafe プログレス

アクセス　各線「池袋」駅から徒歩３分
住所　豊島区池袋2-47-12 第2絆ビル9F
電話番号　03-6698-2263
営業時間　11:30〜17:30、19:00〜翌5:00（LO4:00土日は夜のみ営業）
定休日　なし（年末年始のみ）

14 池袋 エクスカリバーを装備する

金さえ払えば、あなたも勇者になれる

貞操帯は1万円。出張の多い会社員は購入を検討しよう。

ぬののふくと旅人のふく。ユニクロのフリースの方が防御力が高そうだ。

現実世界では金さえあれば伝説の剣も買える。エクスカリバーとチェーンメイルを装備したら、なぜか妙にアイコラ画像っぽくなった。

現実世界の「武器屋」は、池袋のマンションの一室にある。エクスカリバーやバイキングアックスなどの武器もあれば、ぬののふくやチェインメイルといった防具も売っている。ドラクエ世界のぬののふくは30Gだが、武器屋では3000円。為替レートは1G＝100円といったところか。

鎧はレンタルも可能。映画やCM撮影でのレンタルがメインだが、ここ最近はコスプレイヤーへのレンタルも増えているという。ハロウィンやコミケシーズンは大忙しだとか。1週間ほどレンタルして、和甲冑なら3万円、西洋甲冑なら5万円ぐらい。

『るろうに剣心』から日本刀が好きになり、とうとう武器屋で働くまでになったスタッフさんが、自前の逆刃刀を見せてくれた。

「自分で剣心の逆刃刀を作ったんですよ。一緒にアイデア出しをして、お客さんの武器を細かくアレンジもできますよ」とのこと。男性客はデカい両手刀あたりをドカンと一発買って満足するが、女性は日本刀を1本買ったら、コスプレに応じて細かくアレンジして使い回すそうだ。というわけで、リピーターは女性が多い。

「鉄の鎧はフル装備で20kgはあるので、女性は腕とか一部分だけつけるのがほとんど。写真撮影ならアルミ製でも充分です。泥で汚せばごまかせますから」と具体的なアドバイスもしてくれる。「戦国モノのコスプレはどこまでもお金かかっちゃうんで。そこまでお金をかけられなければ、スポーツ系から始めていいかも。ユニフォームとカツラがあれば結構さまになるんで」とのこと。お金に余裕があるコスプレ志願者は武器屋へ、そうでなければムラサキスポーツにでも行こう。

武器屋

アクセス　各線「池袋」駅から徒歩6分
住所　豊島区東池袋3-5-7 ユニオンビルヂング704
電話番号　03-3988-7533
営業時間　11:00～19:00
定休日　日

15 秋葉原 ウソ発見器を作る

入場無料で工具も揃った〝はんだづけの聖地〟

秋葉原のアートスペース・アーツ千代田3331。アート系オフィスや研究室が入居し、ギャラリーでは企画展が行われる。「はんだづけカフェ」もそのテナントの1つ。はんだごてなどの工具をタダで貸している作業スペースで、飲食物の提供はしていない。入場無料で持ち込みも自由だから自分で飲み物を用意しよう。

製作キットはカフェには売っていないので、電気街の専門店で買っていこう（千石電商、秋月電子にたくさんある）。私はウソ発見器の製作キットを購入した。痴漢の冤罪で捕まったとき身の潔白を証明するためだ。

工具の使い方はスタッフが教えてくれるが、組み立ては自力でやるしかない。どうしてもわからないところは、常連さんが教えてくれた。電子工作が趣味の方々が、夜な夜な集まって、ギーク話に花を咲かせているのだ。

説明書を読みつつ、抵抗やコンデンサーといった小さな部品を基板に差し込む。その後にいよいよ、はんだづけ。ちんちんに熱せられたはんだごてではんだを溶かし、基板の裏を固め、余計な部分はニッパでちょん切る。慣れない作業の連続ではじめは手こずるが、次第にスッスとつけられるようになり、溶けるはんだに妙なエクスタシーを覚える。特有の金属臭が、脳をハイにさせるのかもしれない。作業開始50分でウソ発見器が完成。これで「それでも僕はやってない」の主張が通りそうだ。

まったくわき目もふらず、大変な集中力ではんだづけを進めていく。

作業時間約50分でウソ発見器ができた。これさえあれば事情聴取ドンと来いだ。

はんだづけしたりパソコン作業したり。ギークの自由なたまり場だ。

はんだは店頭や店内のガチャポンマシーンで売っている。

はんだづけカフェ

アクセス　各線「秋葉原」駅から徒歩11分
住所　千代田区外神田6-11-14 アーツ千代田3331 313号室
電話番号　03-6265-3615
営業時間　18:00～20:30（平日）、13:00～18:00（土日祝）
定休日　火・木

揉まれるだけでなく揉むことも可。気を抜くとむちゃくちゃニヤケて顔面崩壊しそうだったので、しかめっつらして耐えた。

16

秋葉原

アイドルに肩を揉んでもらう

握手会はもう古い！ 今、カタモミが熱い

握手会やハイタッチ会などアイドルと触れ合う場が増えているが、とうとう〝肩を揉んでくれるアイドル〟が誕生した。肩揉みアイドル「カ・タ・モ・ミ・女子」は2012年から活動する8人組のアイドルユニット。秋葉原の常設店舗で、日々、ファンとのカタモミニケーションをはかっている。

「でも、お高いんでしょう？」とお思いだろう。そりゃあ、アイドルが直接肩を揉んでくれるのだから、いかにも搾取されそうなものだが、お値段は指名をしても15分1055円から。なんだったら、そこいらのマッサージ店より安い。

彼女たちはライブ前だろうが、ライブ終わりだろうが、店での肩揉みを欠かさない。予約の受付、電話対応、オプションのアイデア出しなど、店の運営もメンバー自身がすべて行うという。営業時間外は開店前のお店などで、歌やダンスの先生からレッスンを受ける。ライブでは「肩揉みボール」と名づけられたピンクのボールを投げ、受け取った客をステージに上げて肩揉みをするそうだ。明けても暮れても肩揉み、肩揉み。なんとも働き者なアイドルである。

リーダーの田内友里愛さんに肩を揉んでもらった。「メンバーで一番力が強いんで、痛かったら言ってください」と心配してくれたが、痛いどころか気持ちよすぎる。肩揉みテクは、メンバー間で揉み合ったり、専門書を読んだりして学んだそうだ。意外なことに「ファンの方は顔を見て話したいっていう方が多いですねー。そのときは『手揉み』をしながらお話をします。肩揉みアイドルなのに肩揉まないって、存在意義問われますけど」と笑っていた。門外漢からすれば、憧れのアイドルに少しでも触れられていたいものなのではと思ったが、そう

カ・タ・モ・ミ・女子のキャッチコピーは「ワクにハマるな、カタにハマれ」。こりゃ一本取られたね。

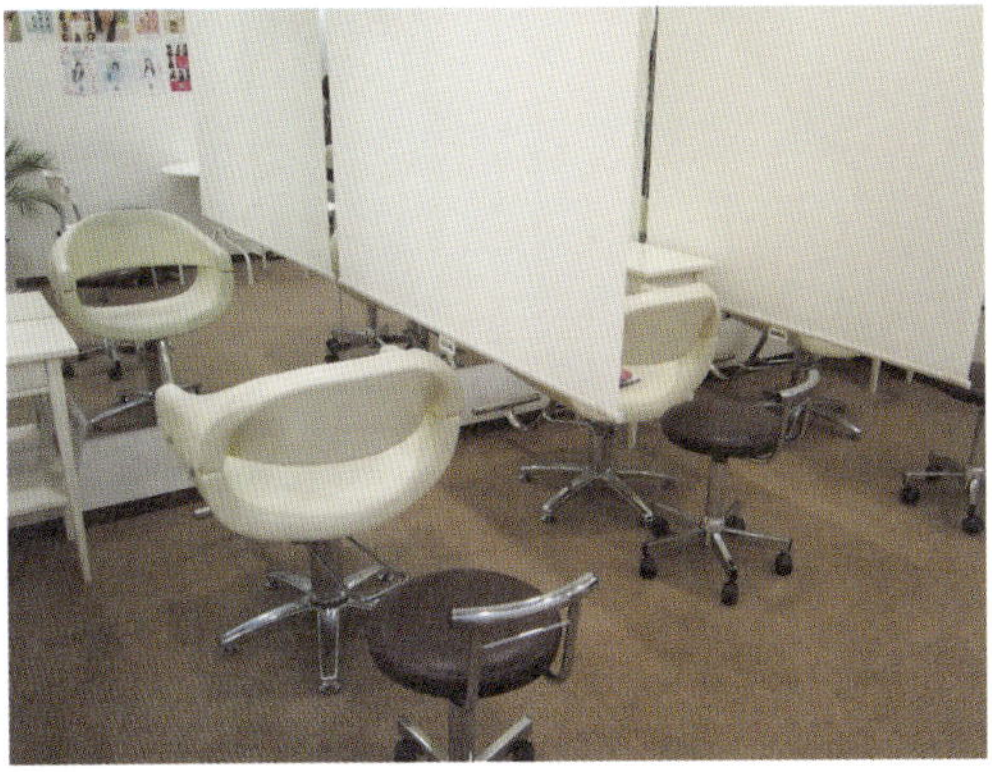

和室ほど個室感はないが、洋風スペースなら鏡越しに顔が見られる。

揉んでほしいメンバーを指名できる。指名料は15分105円と良心的すぎ。チェキや動画撮影６秒などのオプション（各1000円）もあるよ。

神タワーというビルに入っている。このビルには他にライブ劇場「神ステージ」も入居。神々が集う出雲大社みたいなビルだ。

単純ではないらしい。

持ち込み自由だから、お弁当を一緒に食べつつおしゃべりしたりで時間を過ごすという。ライブ後だと、むしろお客さんが、踊り疲れたメンバーの肩を揉んであげることもしばしばだとか。なんてインタラクティブでウィンウィンなコミュニケーション手段なんだ、肩揉み。

肩もみ専門店　カタモミ女子

アクセス　各線「秋葉原」駅から徒歩６分
住所　千代田区外神田1-9-11神タワービル1F・2F
電話番号　03-3525-8375
営業時間　12:00～23:00(平日)、13:00～23:00(土日祝)
定休日　木
※椅子ブース・指名なしで950円～。
各種コース・オプションあり。

コラム 2 谷根千《やねせん》を別視点で巡る

谷中、根津、千駄木あたりのエリアは、頭文字をとって「谷根千」と呼ばれていて、都内きっての人気散策エリアとなっている。古くて荘厳なお寺あり、かわいいギャラリーあり、純喫茶ありと何度巡ってもまるで飽きない。

たまには視点を変えて、こんなルートで巡ってみてはいかがだろうか。

1

14時～　指人形 笑吉　☞114ページ

せっかくの休日、そう早く起きるのもしんどいから、ゆっくり昼飯をとって出かければ、日暮里に着くのは14時ぐらい。谷中銀座の惣菜屋さんでメンチカツでも買い食いしつつ、「指人形 笑吉」へ向かう。ハゲたじいさんの指人形がショートコントで大暴れ。激しすぎず、奇抜すぎず、ふくれた腹にちょうどいい刺激だ。

2

16時～　結構人ミルクホール　☞85ページ

根津の方へと足を伸ばして、おひとりさま用の読書空間「結構人ミルクホール」で心静かにコーヒーをすする。町歩き系の雑誌や単行本、店主が発行しているB級グルメミニコミ誌がたんまり置かれているので、手ぶらで行って、それらを読むのもいいだろう。

3

18時～　ZAKURO　☞64ページ

谷中銀座に戻って、トルコ料理「ZAKURO」で夕飯。一人穏やかに過ごしたつい先ほどまでとは打って変わって、店主・アリさんに絡まれまくろうではないか。男性ならば罵倒され、女性ならば口説かれまくる。最後はみんなでベリーダンスを踊って締めだ。

4

21時30分～　居酒屋 兆治　☞10ページ

店が閉まり、すっかり静かになった商店街を千駄木方面へ抜け、15分ほど歩く。「居酒屋 兆治」にハシゴして、終電まで変わり種サワーをひっかけよう。舌が甘いものを欲するならばおしるこサワー、辛いものを欲するのならばキムチサワー。どんな気分にも対応してくれる頼もしい飲み屋だ。なんせ140種類もサワーがある。

第3章

東京の秘境を旅する

コンクリート・ジャングルを出て、
見知らぬ東京を歩く

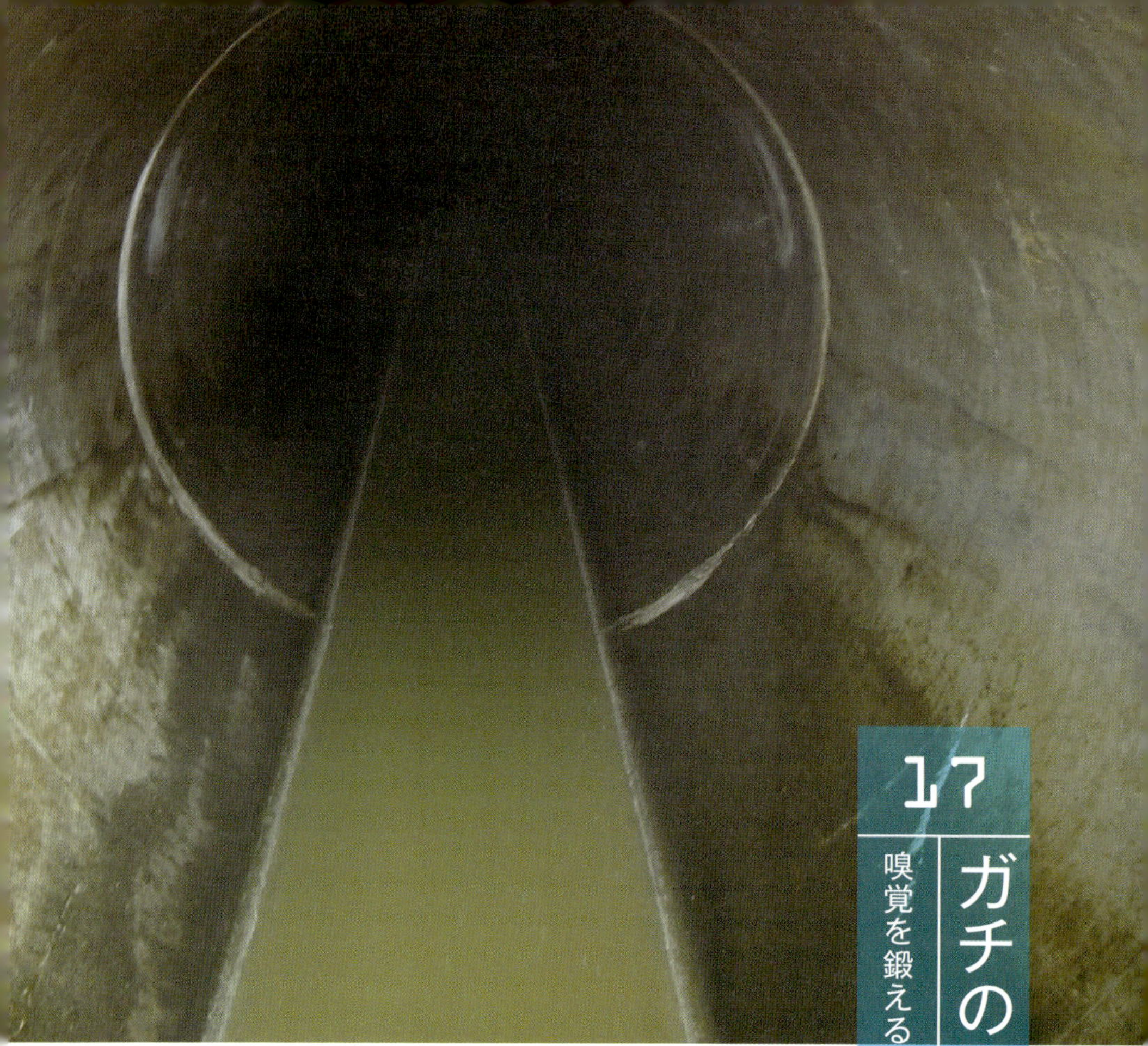

支流を合わせて全長4281㎞。下水の入り口は、エアカーテンで臭いの漏れを防いでいる。

17 ガチの下水道にもぐり込む

嗅覚を鍛える社会科見学

焼肉に行くカップルは深い仲だと言われる。ついた臭いも気にならない関係ゆえというのが根拠。ならば、より深い仲になりたい2人は小平の「ふれあい下水道館」がオススメ。現役バリバリ稼働中の下水道に潜入でき、生活の基盤たる下水処理の仕事を、頭だけでなく五感すべてで学べる場所だ。

入り口には「下水の臭いが充満するのでドアを開けっ放しにしないでください」の貼り紙。うっかり窓やドアを開けたままにすると、気圧変化で地下から下水臭が上ってきてしまう。

下水道の歴史とシステムを学びつつ、1階から下っていく。地下5階で下水道とご対面だ。下水管の中は通年22～23℃。入るなり、ムワッと湿った空気が全身を包み込む。暖かい。そして、臭い。なにせ足元を茶色い濁流が流れている。湿度が高く、霧妙に臭う飲み屋街は、油が固まって下水管が詰まっている可能性が高いそうだ。

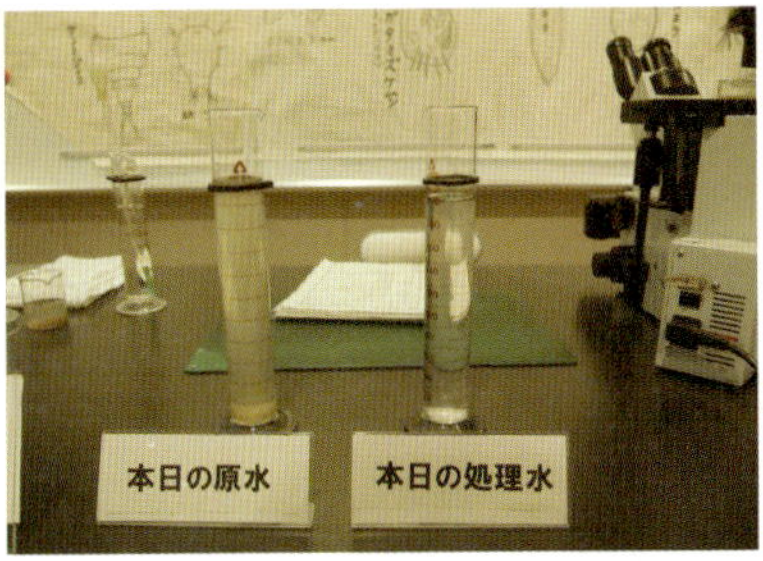

展示室には本日の原水と処理水が。浄水の効果が一目瞭然。

入口にある看板で、スキューバーダイビングの男が来訪者を迎えてくれる。

階段の踊り場には、たくさんの藻が展示されている。

が立ちこめ、ムーディーだ。

遠くの方からゴーゴーと聞こえる大きな音は、少し上流で他の管と合流する音。合流地点の落差は16mもあり、滝のような音を発しているのだ。処理場までの10㎞以上は、一本道で出口もない。よくあるスパイものの映画のように、下水道をつたって刑事から逃げるのは難しそうだ。

ふれあい下水道館

アクセス　西武国分寺線「鷹の台駅」から徒歩6分
住所　小平市上水本町1-25-31
電話番号　042-326-7411
営業時間　10:00～16:00
定休日　月（祝日の場合は翌日）、年末年始
入場料　無料

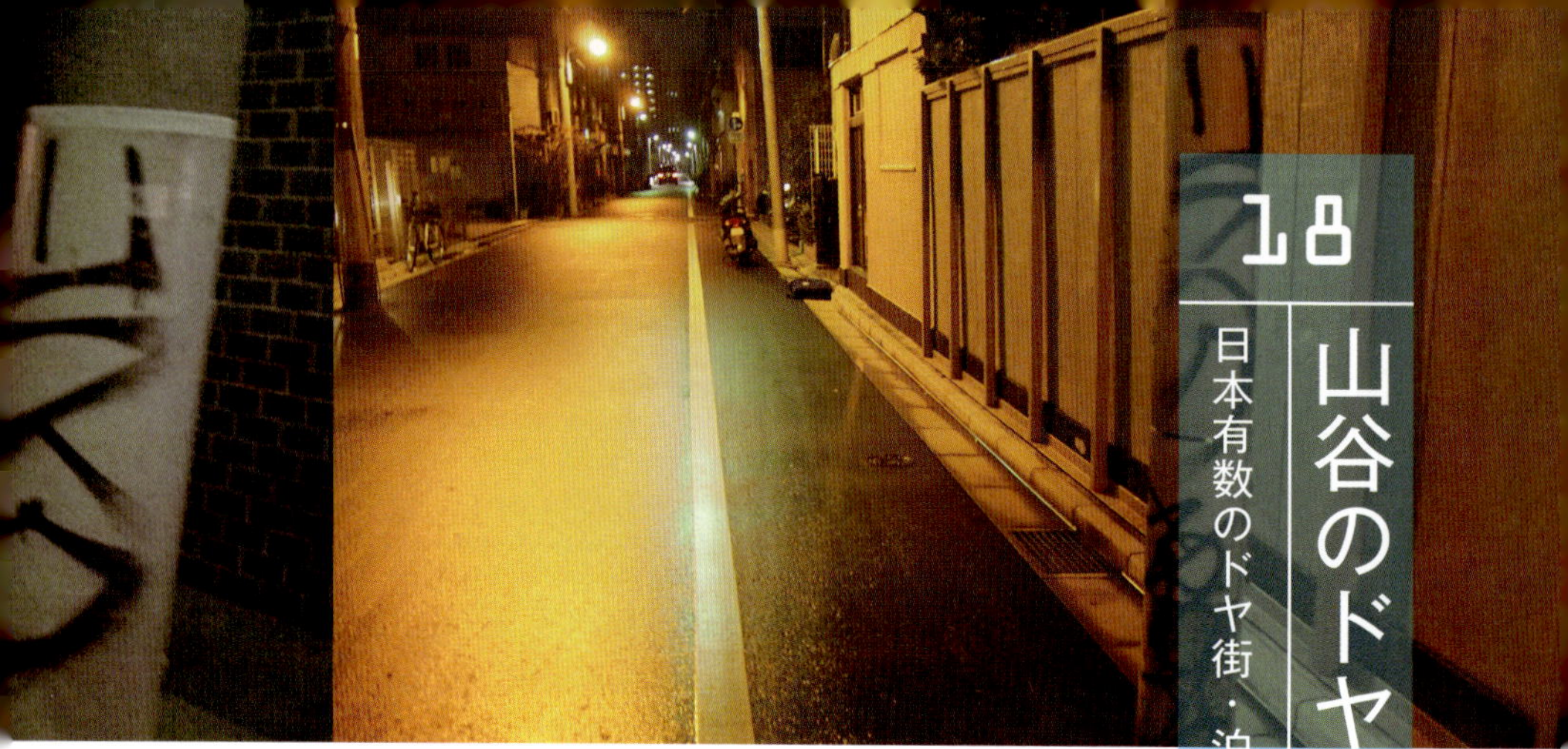

18

山谷のドヤを泊まり歩く

日本有数のドヤ街・泊り込み潜入取材

大阪の釜ヶ崎、神奈川の寿町と並んで「三大ドヤ街」と呼ばれる東京・山谷《さんや》。ドヤというのは安宿のこと。古くは宿場町として栄えた山谷は、戦後に労働者向けの簡易宿泊所の町へと進化。現在は、高齢の長期宿泊者が大半を占める。

そんな山谷で1000円代、2000円代、3000円代の宿を泊まり比べた。用途によって使い分けよう。

1800円の宿「M」

宿全体がやや傾き、潰れたスポンジケーキのよう。入り口はガムテープで補強されている。宿内は薄暗く、焼き魚の匂いが漂う。廊下の奥のコンロで、宿泊者がししゃもを焼いているようだ。客の7割が、高齢の長期宿泊者。受付で宿泊希望の旨を伝えると、氏名、電話番号、本籍を記帳してくれ、とのこと。「え？ 住所じゃなくて本籍ですか？ 本籍、わからないんですよ」と答えるも「いやいや、わからないことないでしょ」と粘られる。しばし押し問答していると「あ！」となにかに気づいた様子。「あ、本籍はね、うちの管理に必要なだけで警察には見せませんよ！」。なにか勘違いをされたようだ。

部屋のサイズは1畳半ほど。入り口に鍵はなく、カーテンで仕切るだけ。壁にはシミが目立つ。お風呂はタメ湯。最後だったのでお湯が白濁していた。シャワーがないので、桶で頭から湯を浴びた。

2200円の宿「Y」

2000円代の宿に泊まろうと、めぼしいところに飛び込むも5軒断られた。長期宿泊者で埋まっており入室できないそうだ。大きな宿にあたりをつけ、Yという宿へ。空きがあるという。内部はマンションのような造りで5階建て。鉄の扉が並ぶ。宿泊者のほとんどがおじいちゃんで、高齢者向けシェアハウスといった雰囲気。2畳の部屋という触れ込みだが、見たことのない小さいサイズの畳だった。扉は鍵がかかる。

ホテルができてから「あの通りは安全そうだ」と人通りが増えたそうだ。

通りは自転車だらけ。「リスク」の落書きが意味深だ。

ロビーの壁にはギターがかかっている。外国人バックパッカーは日本のインスタントラーメンが大好きで、ゴミ箱がペヤングやカップヌードルの空箱で埋まる。

小ざっぱりした内装で、布団のシーツもきれいだ。ただし、2つ隣に部屋をとった友人が「カメラのシャッター音が聞こえましたよ」というほど壁は薄い。

3600円の「カンガルーホテル」

1泊3600円ともなれば外観から違う。なにせガラス張り。この地域では浮いているぐらいオシャレ。「カンガルーホテル」は山谷の宿屋の3代目・小菅さんが2009年にオープンしたゲストハウス。40歳までデザイナーをしていて、その後、地元に戻りホテル業を始めた。2年も建築家と構想を詰めたそうだ。

近年、山谷にやってくる外国人バックパッカーが増加している。安く泊まれるエリアと評判だからだ。カンガルーホテルの宿泊客も7割が外国人だという。「海外からわざわざ日本に来る人って、普通の生活が見たいんですよね。普通のラーメン屋とか普通の銭湯とか。だから、ツイッターやロビーの黒板で、地元情報を発信してるんです」とのこと。

コンクリ打ちっ放しの個室は、デカくて清潔。1000円代、2000円代の宿は公式サイトさえないところがほとんどだが、カンガルーホテルはWi-Fiまで完備している。

液晶テレビも、エアコンもある。下手なビジホに泊まるよりよっぽど快適だ。

カンガルーホテル

アクセス　各線「南千住」駅から徒歩11分
住所　台東区日本堤1-21-11
電話番号　03-3872-8573
営業時間　チェックインは16:00から、チェックアウトは10:00まで
定休日　なし
※シングル1泊3600円。電話もしくはメール（kangaroo-hotel@dream.jp）で予約可。

19

1日で富士山を5回登頂する

都内に居ながら富士登山

はるか昔から富士山を神と見立てる「富士信仰」が存在した。当時の富士登山は数日がかりの難行。庶民にはなかなか手が出せない。そこで江戸時代頃から建造されたのが、富士山のミニチュア「富士塚」だ。サイズはまちまちだが、デカいものでも2～3分で登頂可能。一度登れば、富士山登頂と同じご利益があるという。

都内だけで40ヵ所以上あるという富士塚から5つをピックアップ。1日でハシゴしてみた。

1 品川富士（品川神社）

品川神社正面の険しい階段、その中腹に品川富士の1合目がある。ほんの4段5段登るだけで2合目に到着。5合目まで30秒もかからない。5合目には富士塚をぐるっと取りかこむ、整備されたお中道《ちゅうどう》がある。かつては富士登頂を3度以上した者だけに許されたお中道巡りも、品川富士でならサクッとかませる。6合目からはちょっと急勾配。ゴツゴツとした岩肌がイカつい。鎖をつかんで登頂。コンクリで平たくならされた山頂から、品川の町並みが一望できる。

お中道は整備されているので巡りやすい。

品川神社
アクセス　京急本線「新馬場」駅から徒歩1分
住所　品川区北品川3-7-15

2 千駄ヶ谷富士（鳩森八幡神社）

総武線を乗りついで鳩森八幡神社へ向かう。品川富士とは打って変わって、千駄ヶ谷富士は緑豊かな富士塚だ。登山道は松や熊笹に包まれている。頂上にある奥宮は、富士山の溶岩で囲まれていた。実際の富士山にもある名物岩「釈迦の割れ石」も再現されていた。登頂記念に御朱印もいただけるぞ。

烏帽子岩の横にある食行（じきぎょう）像。富士登山を45回行い、烏帽子岩で31日間の断食をして即身仏となった。

奥宮は富士山の溶岩で囲まれている。

鳩森八幡神社
アクセス　JR「千駄ヶ谷」駅から徒歩5分
住所　渋谷区千駄ヶ谷1-1-24

10数名でツアーを組んで巡った。プチサイズでも5ヵ所も登ればヘトヘトだ。

3 西大久保富士（稲荷鬼王神社）

歌舞伎町のホスト街を抜けたあたりに西大久保富士は存在する。1合目〜4合目、5合目〜山頂で2つの山に分かれている珍しい富士塚だ。もともとは巨大な1つの富士塚だったものを、神社再建の際に2つに分けたとか。1段上がり、踏み石に登れば、登頂完了。登山というより踏み台昇降に近い。

富士塚とは関係はないが、水琴窟（地中に甕を埋め、水滴の反響音を聞くもの）もあるので、立ち寄った際はぜひ聞いてみよう。

踏み石を踏んで登頂完了。わずか１段。

稲荷鬼王神社

アクセス　東京メトロ副都心線「東新宿」駅から徒歩5分

住所　新宿区歌舞伎町2-17-5

4 上落合富士（月見岡八幡神社）

境内に幼稚園も併設されている。このご時世、いい年の男が、1人で平日に登頂するにはヘビーな富士塚だ。行者のごとく邪念なき真剣な面持ちで乗り込もう。天狗や猿など、よその富士塚ではあまり見かけない石像が置かれている。コンパクトな作りながら完成度は高く、山を登っている実感を味わえる。

急勾配で登山道はかなり狭い。登るのがちょっと難しいだけに登山感は強い。

月見岡八幡神社

アクセス　西武新宿線「下落合」駅から徒歩7分

住所　新宿区上落合1-26-19

5 駒込富士（駒込富士神社）

富士塚ハシゴの締めは駒込富士。正面の急な石段が登山道である。山っぽさはそれほどない。左右に富士講に関する石碑がたくさん立っているのだが、どれもこれもカラーリングが派手。ペンキの色が鮮やかだ。柵で塞がれているが「人穴」もある。人穴とは行者・長谷川角行が修行をした洞窟。角材の上に1000日も立ったり、300日断食したり、1万8800日寝なかったりと、1人電波少年って感じの超人だ。夏はヤブ蚊が多いのでささっと登頂して、ささっと下山するのがいいだろう。

赤いペンキが垂れていてホラーの趣きがある。

駒込富士神社

アクセス　各線「駒込」駅から徒歩12分

住所　文京区本駒込5-7-20

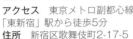

20 東京唯一の村でぽつーーんとする

ゆるキャラと巡る自然の旅

九頭竜の滝で、ぽつ――ん。

島嶼部《とうしょぶ》を除けば東京都で唯一の村・檜原《ひのはら》村《むら》。人口約2200人の山あいの村で、奥多摩の少し南に位置する。武蔵五日市駅からバスで30分ほどの秘境の地だ。

村のマスコットキャラ「ひのじゃがくん」とともに1泊2日で檜原村の見所を駆け巡ってきた。

●数馬《かずま》分校記念館

1999年に閉校した小学校をそのままの状態で保存した「数馬分校記念館」。閉校時、児童数は7名まで減少していたそうだ。白くて小さな校舎は、モダンな造りでペンションのよう。すぐ裏手が山だ。

入場無料で記帳が必要なのだが、ひのじゃがくんは「撮影にきたじゃがです」と受付を通り過ぎた。「さすがマスコット、顔パスか？」と感心していたら、受付のじいちゃんに「え？　なにそれ？　あんた、

数馬分校記念館

懐かしい雰囲気の数馬分校。

分校の教室で、ぽつ——ん。

ひのじゃがくんのぽつ——ん写真

　ひのじゃがくんは檜原村のオフィシャルキャラクター。ゆるキャラがブームになるとうの昔、1991年に誕生したキャラである。「ぽつ——ん」とコメントを添え、村のあちこちで哀愁漂うブロマイド写真を撮っている。ファンから「ぽつコレ」と呼ばれるこの写真が好きで、前からちょくちょく彼のツイッターをチェックしていた。

　ぽつ——ん写真のポイントは①引きで撮る、②物陰で見切れる、③１人で遊んでいる、の3つ。いずれかを満たせばぽつ——ん感が出るという。「肩を落として、首を下げると雰囲気出るじゃがよ」とアドバイスをもらった。

分校で木琴を叩きながら、ぽつ——ん。

名前書いてないだろ！」と普通に記帳させられていた。

　壁に貼られた掃除当番の表、腰のあたりに蛇口のある小さな手洗い場、図工で作った木製パチンコ台。郷愁をそそる物品がそこかしこに、当時のまま置かれている。

●九《く》頭《ず》竜《りゅう》の滝

　数馬分校記念館近くにある滝。大々的な広告はされず、車道に立てられた控えめな看板が頼りだ。森の中にある二段滝で、時々、滝行も行われているとか。みちみち「千鳥の大喜利が楽しかったってツイッターでつぶやいたら、観光課に『ひのじゃがくんはテレビ見ないで』って怒られたじゃがです」というゆるキャラ裏話を聞かせてもらった。「ＮＨＫならいいかなって、ケータイ大喜利を見てるじゃが」だそうだ。

●玉《ぎょく》傳《でん》寺《じ》

　玉傳寺で枯山水の石庭を見せていただく。定期的に座禅会を開いているとのことなので、ひのじゃがくんとともに座禅を組ませてもらった。ちらりと横目で覗き見ると、

やまぶき屋で地場産品に紛れる。

店長代理を胸に抱くひのじゃがくん。

ひのじゃがくんのコメント入りブロマイドも売っているぞ。

玉傳寺

座禅に励むひのじゃがくんと著者。

玉傳寺で、ぽつ——ん。

彼の表情は完全なる無の境地。悟りに達していた。

●やまぶき屋

「やまぶき屋」は、ひのじゃがくんが店長を務めるお土産物屋さん。ひのじゃがくんサイン入りブロマイドも売っている。平素はぬいぐるみサイズの小じゃがくんに店長代理をしてもらっているとのこと。檜原村特産のじゃがいもを使ったアイスやじゃがバターを食べられる。

●蛇の湯温泉

風呂に入れないひのじゃがくんとお別れし、蛇の湯温泉へ足を延ばす。500年の歳月を経た茅葺き屋根は、苔むしていた。「日本秘湯を守る会」に所属しているとあって、秘湯感あふれる建物だ。風呂の方は割と近代的な造り。露天ではないもののガラス張りなので、檜原の自然を眺めながら、ゆったり浸かれる。

●へんぼり堂

宿泊は、檜原村で唯一のゲストハウス「へ

電車とバスで巡ったので1泊したが、車なら日帰りでも全部巡れる。

蛇の湯温泉にて。こんな茅葺き屋根の建物が東京にあるなんて不思議だ。

あつあつのひのじゃがチーズドリア。きのこたっぷりで最高に旨い。

古民家を改装した村で唯一のゲストハウス・へんぼり堂。

払沢の滝

払沢の滝は、東京で唯一「日本の滝百選」に選ばれている。4段からなる滝は総落差60m。

檜原村

東京駅からJRを乗り継ぎ武蔵五日市駅、バスに乗ること20分で檜原村に到着。詳しいアクセス・観光情報は檜原村観光協会のホームページまで。

んぼり堂」で。古民家を改装している。単に泊まるだけでなく、寺子屋のように学べるスペースでもあり、週末は地元民を講師に招き、泊まりがけのレッスンが開かれる。この日は造園家の竹本さんによる茶事のレッスン。茶道家としても10年以上のキャリアがあるそうだ。生徒かつ宿泊客の7名は、年齢も性別もバラバラ。地元の人もいれば、都会に住んでいる人もいる。レッスンが終わっても、23時頃まで宴席は続いた。

●払沢《ほっさわ》の滝

翌日、7時に起き、ひとりゲストハウスを発つ。他の客らは、この日も朝から茶事をするそうだ。

バスで20分、払沢の滝入り口バス停へ。払沢の滝は「日本の滝百選」にも選ばれている。川沿いの道を30分も歩けば、滝に着く。ゴーゴーとうなりをあげる水の音が心地良い。看板には「この水は村民の飲料水になりますので、放尿などをしないでください」と注意喚起がされていた。

21

横浜すぐそばで秘境を旅する

京浜工業地帯を堪能する、鶴見線途中下車の旅

鶴見線は鶴見~扇町間をつなぐローカル線。鶴見以外はすべて無人駅で、全長9・7㎞ときわめて短い。

もともと貨物輸送のために作られたとあって、線路沿いは、とにもかくにも工場だらけ。道行く車もトラックばかり。工場への通勤時間帯を除けば、電車のダイヤはすっからかん。2時間待ちは当たり前の世界になる。駅間の距離はどこも1㎞ほどなので、歩いて巡ることも可能だ。

国道駅の高架下には昭和のムードがビンビンに残っている。

壁のボコボコは第二次大戦中の機関銃による穴。防護柵で保全されている。

ガード下に焼き鳥屋「国道下」の香ばしい匂いが漂っている。

●国道駅
機関銃の痕が残る昭和レトロすぎる駅

その名の通り国道沿いにある駅。薄暗くってうら寂しいガード下は、昭和の匂いをビンビン残し、映画のロケにもしばしば使われる。外壁にポツポツ開いた穴は、機関銃が撃ち込まれた痕。第二次大戦中の空襲でつけられたものだ。

長さ100mほどのガード下には住居が並んでいるが、ほぼ無人。表面がベニヤで覆われ、出入りできない。唯一営業しているのが焼き鳥屋「国道下」だけ。カウンターのみ10席ほど。地元のおっちゃんのたまり場で、平日昼間にもかかわらずぎゅうぎゅうの満員。新参者のつけいる隙はなかった。焼き鳥は1串たったの50円。爆安。

●浅野駅
やたらと猫が群がる駅

ホームをうろつくと、そこかしこに猫が寝そべっている。ざっと数えただけでも7匹はいたかな。おばちゃんが地べたに座り、猫にエサをあげていた。私も地べたに座って、電車が来るまでのあいだ、猫と戯れた。

鶴見線の駅から駅へと歩く道は、どこもだいたいこんな風景。

おばあちゃんに猫が群がっている。一見のどかな田舎の光景だがホームからは工場が見えている。

キリンのようなクレーン車やゾウのごとき大型トラックばかりで、まるで車の動物園。

駅前唯一の飲食店。いかにもスタミナのつきそうな色使いの看板。

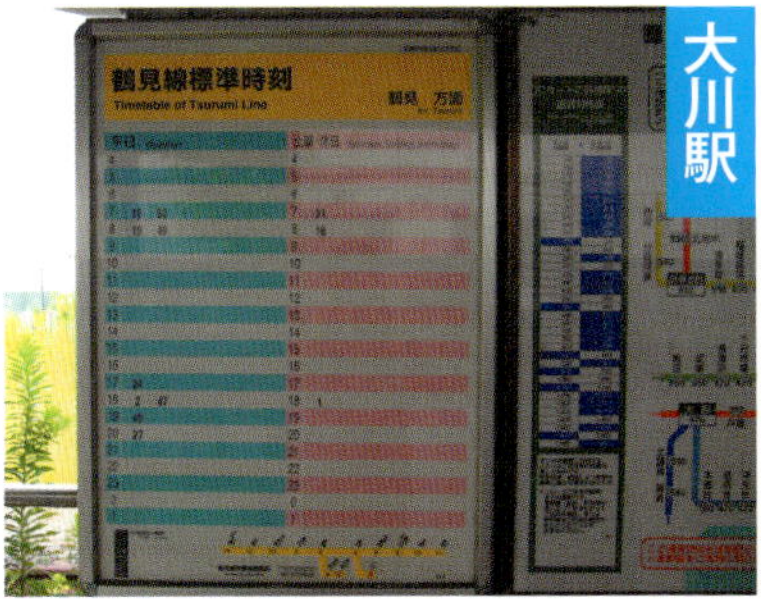

誤植を疑うほどガラガラの時刻表。

●扇町駅

たった1軒だけ定食屋がある駅

鶴見線本線の終点。駅前から工場ばかり。「火気厳禁」「テロ対策警戒中」と物騒な文字が並ぶ。身代わり地蔵尊も立っていた。小便臭いトラックがしきりに通り過ぎたが、アンモニア系の薬剤でも積まれていたのだろうか。道ばたに『こども百科もののはじまり』『こども百科しごと』が落ちていた。落ちている本まで労働関係とは恐れ入る。

食べログで「扇町駅　周囲500m」で調べると、検索結果はわずか1軒。作業員らが集う定食屋だ。750円の昼定食は、オカズを3品選ぶビュッフェ形式。山盛りごはんもついてくる。場所柄、焼ウインナーやハムカツなど精のつきそうなものが多い。ガタイのいい男たちに囲まれ、ガツガツと飯をかき込む。長居はご無用。10分かからず店を出た。

●大川駅

8時間半、電車が来ない駅

大川支線の終点駅。駅舎はボロボロで、

ビジネスマンがしばらく海に見とれていた。

駅のすみっこにある広場。下手打つとここで2時間待ち。どうしても外に出たけりゃ、面接受けて東芝社員になるしかない。

とても平成の世とは思えぬ代物。朝8時35分の便が来たら、次の電車は17時24分。8時間半も電車が来ない。日本各地のひと気のない駅をあっちこっち行ったけど、こんなに待ち時間の長い駅は初めてだ。切符売り場には「紙幣は千円札しか使えません」とある。周りに両替できそうな店はないので、万券しか持ってなければジ・エンドである。

●海芝浦駅
改札の外に出られない駅

海芝浦支線の終点・海芝浦は改札の外に出られない駅だ。なぜなら東芝の工場と直結していて、社員しか行き来できないから。電車のドアが開くと、ホームを挟んで、すぐ目の前が海。潮の匂いが鼻をつく。ホーム横に小さな広場があって、ベンチも用意されているので、改札の外には出られなくても多少時間は潰せる。10分程度の停車時間を利用して、ちゃちゃっと駅内を見てまわり、乗ってきた電車で折り返すのが無難だろう。

第4章

名物店長と戯れる

メインは食か店長か、
常識を覆すパフォーマーたち

22 手動販売機でハンバーガーを買う

「立石バーガー」で遠隔操作のカラクリを解き明かす

店長・濱野さん（右）と著者。

以前、ハンバーガーのネーミングライツも500円で売っていた。東京別視点ガイド丼と名付けようとするも「丼じゃなくて最後はバーガーにしてほしいな……」と寂しそうな表情をされたので、そうした。

立石バーガー専属モデルの「深田恭子（仮）」はフェルトの人形。ヤフオクで売っていたそうだ。

力士のぶつかり稽古で倒れてしまいそうな店構え。

ゴム手袋がバーガーを渡してくれる「手わたし」。遊び心がある。構造は手動販売機と同じ。

手動販売機。店内からテグスを引くとバーガーの置いてある板が傾き、バーガーが落ちてくる。

歌つきのロイヤル立石バーガー販売機。カセットプレイヤーの歌が終わるのを見計らってテグスを引き、バーガーを提供。終わったら巻き戻しボタンを押しに行く。

「気球的自販機」。気球が数センチ降りてくるだけ。

テグスを引く店長さん。

立石バーガー名物・手動販売機の世界

ぶつかり稽古で倒れてしまいそうな儚い店構えが魅力の「立石バーガー」。入口には「節電中」の貼り紙があり、店内は真っ暗。自然光のみで営業する徹底したエコスタイルだ。冷房もつけないので、夏場の店長さんはランニング姿で汗だくだくの山下清コーデ。

オニオン、レタス、ハンバーグがはさんである看板メニューの「立石バーガー」はお値段100円。マックに匹敵する安さ。甘く煮つめたバナナが入った「そんなバナナバーガー」なる変わり種もある。

ここ最近はコングロマリット化が進み、本業はハンバーガー屋でありながら壺やミキサー、ヤフオクで競り落とした3000円のパソコンも販売している。極めつきの商品は、店の1日経営権。わずか5000円で1日経営する権利を購入でき、儲け分は自分の懐に入れて良い。店長さんいわく「あんまりお客さん来ないから、楽だよ」とのこと。

立石バーガー最大の見所は、自動販売機

ならぬ手動販売機。

　販売機にお金を入れる→チャリンと落ちる→その音を聞いた店長さんが厨房のテグスを引く→台が傾きハンバーガーが落ちる、という仕組み。人間の五感に頼りきった販売機なのだ。プレーンな手動販売機のほかにも、「気球が運んでくる販売機」「ニコ生の歌い手のオリジナルソングが流れる販売機」「食パンが坂を転がり落ちる販売機」など5つの販売機の開発に成功している。取材時、食パンの自販機は故障していたが「食パンのは巨大魚を釣る用の太いテグス使ってるんだけど、あれ高いんだよ」というわけで修理ができないそうだ。

　ためしに1日経営権を購入したときには、当日朝、出向くと約90個のハンバーガーを用意してくれていた。テグスの操作方法をひと通り説明するや「売り切れるか、飽きたら、終わりにしていいよ。ちょっとぶらぶらしてくるから、やめるときは電話ちょうだい」と言い残し、店長さんは手ぶらでどこかに出かけていった。開店から閉店まで7時間もちょっとぶらぶらするらしい。余ったパンは持って帰れるので、売れても売れなくてもお得な経営権だ。

「ジャンピング食パン」と名付けられた手動販売機。まったくジャンプせず、食パンが転がり落ちる。

壁には「助けてボード」というコーナーも。お客さんが助けてほしいことを書き、毎年グランプリを決める。2013年度グランプリは「デブだけど仕事がしたい」というものだった。

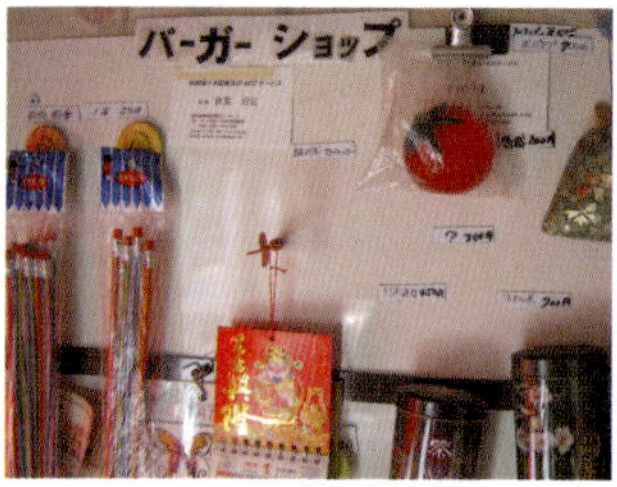

「バーガーショップ」という小物販売コーナーもある。お客の若い男が売りたいものを持ってきて、勝手に作ったそうだ。

クレイジーすぎる公式サイト（http://www.bakatter.com/）も必見！　店の大ファンが「頻繁には来れないけど、なんらかの形で関わりたい」と作ったもの。店長公認。

「立石バーガー」店長 濱野さんインタビュー

——最初から手動販売機はあったんですか。

いや、ない、ない。14年前に店を始めたけど、最初は普通の中華料理屋だったから。中華料理やりながら、ショーケースでハンバーガーも売り出してさ、そのうちハンバーガーだけになっちゃった。手動販売機はその後だから、5、6年前からだね。

——中華料理屋なのにハンバーガー？ なんでハンバーガーだったんですか？

ほら、わたし、アメリカに住んでたことあるから。

——え？ アメリカに？

若い頃って行き詰まるでしょ。アメリカ行ったら大丈夫になるかなと思って、22歳から32歳まで行ってたんだけど、大丈夫になったよ。

——大丈夫になったって、やりたいことが見つかったってことですか？

そうじゃなくって、なんか気が楽になった。

——10年間なにしてたんですか？

フリーター。一番はじめは芝刈りのバイトをしてたけど、アメリカの庭って広いでしょ。疲れちゃう。だから、すぐ飲食店のバイトに替えたよ。

——海外生活を経てるから手動販売機みたいなデカい発想ができるんですかね、やっぱり。

うーん、わかんないけど、アメリカがなければ手動販売機はないね。アメリカではさ、最初のお客さんにサインをもらう習慣があるんだけど、手動販売機利用1番目のお客さんからもサインもらったよ。ほら、あそこに飾ってあるでしょ。その人、店の前をよく通り過ぎるんだけど、もう来てくれないんだ。

——そもそも、なんで手動販売機作ったんですか？

中に入りづらいっていうお客さんもいるから。これなら入らなくても買えるでしょ。でも、たまにお金落ちた音を聞き逃して「すいません、お金入れたんですけど」って中に入ってくる人もいるよ。そのときは手で渡す。

——結局店の中に入ってるし、二度手間じゃないですか。

うん。ふふふ。

——休日はなにして過ごしてますか？

暇なときはYou Tubeで、子供たちがオリジナルの販売機を作る動画を見てるよ。

——そんな動画あるんですね。

たくさんあるよ。知らないの？

節約のため、もともと住んでいたアパートは解約して、店の２階に住むことにしたそうだ。

立石バーガー

アクセス　京成本線「堀切菖蒲園」駅から徒歩６分
住所　葛飾区堀切3-17-15
電話番号　03-3695-9133
営業時間　11:30～21:00
定休日　なし

23 東京で最も狂気に充ちた居酒屋に行く

常識を根底から揺さぶる「かがや」のパフォーマンス

「かがや」のここがヤバい

東京で最も狂気に充ちた居酒屋「かがや」。なにがそんなにヤバいのか。8つに分けて解説しよう。

1 不要な物が一切置かれていない

新橋の雑居ビル地下1階。15畳ほどの空間にあるのはテーブルとカエルの置物だけ。壁にはメニューも貼られていない。この店はマスターが100%のパフォーマンスを出しきるための舞台。とにかく彼が動きやすいこと。それだけが重要だ。

2 必ず某ヒーローのテーマ曲を歌う

客が席に着くと、マスターはお出迎えの挨拶に、某ヒーローのテーマ曲を歌う。満面の笑みで1曲歌いきると、リモコン式のヒーローにおしぼりをのせ、各自へ運ぶ。客が来るたび、毎回やる。絶対やる。

3 箸置きがキン消し

箸置きはキン消し、ドラえもん、首の取れた女の子などから好きなものを選ぶ。それぞれ正しい置き方があり、マスターが1つ1つ置いてくれる。それ以外の置き方をすると叱られる。

キン消しは肩に担がせるのが正しい置き方。バズーカを担ぎ、戦場に挑むような雄々しき構えだ。

首なし少女は、お尻に生えている謎の突起に箸先を揃える。ああ、なんという不可思議。

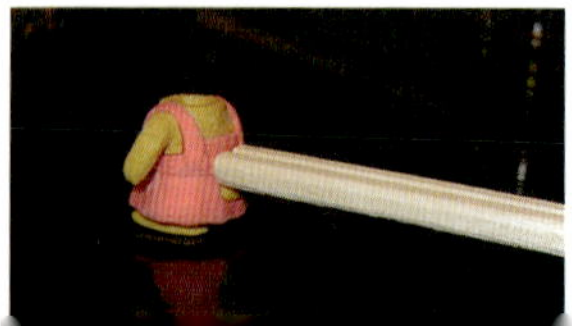

23

4 心を込めてコース名を読まないとやり直しをくらう

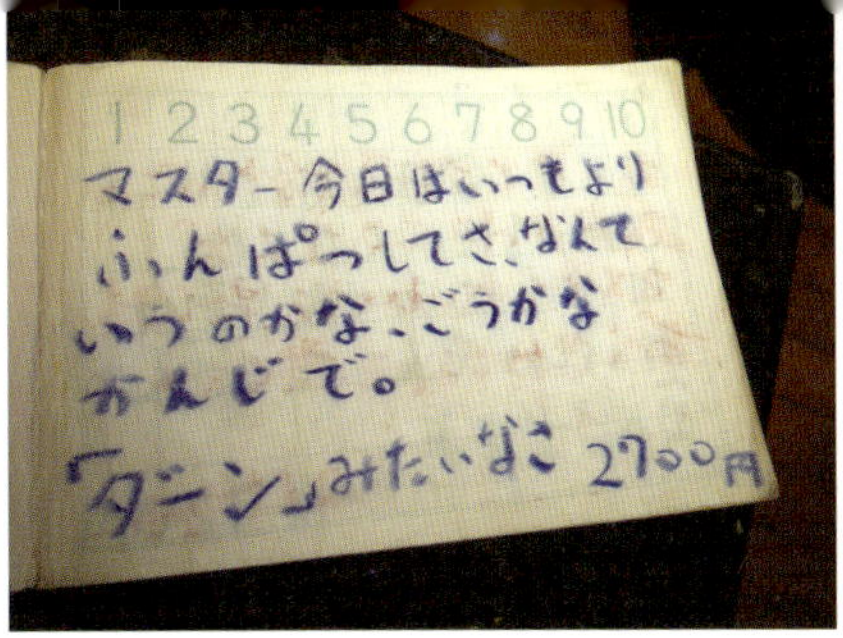

かがやはコース料理制。 選べるコースは４つで、コース名はすべてセリフになっている。たとえば2160円のコース名は「あーやっと仕事終わった。おなかペコペコなんだ。マスター、おいしいもん、たくさんたべさせてよ、お願い」といった具合。感情を込めて読まないと「気持ちが伝わってこない」とやり直しをくらう。何度も通うと「ミュージカル調で」などと更なる制約が加わるぞ。

5 料理は基本的に茶色い

肉じゃが、かぼちゃ、高野豆腐、魚の煮物、じゃがいもの煮っころがし、ハヤシライスなどなど、出てくる料理がことごとく茶色。シャガールが青なら、かがやは茶。どれもこれも普通に旨い。

6 ドリンクの持ってき方を決められる

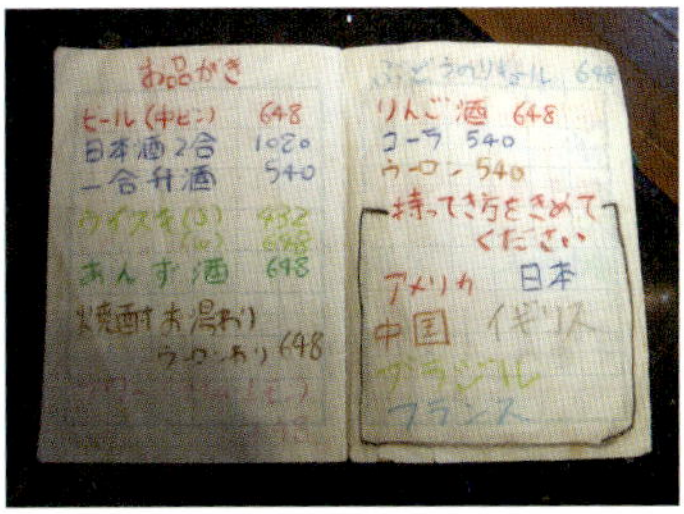

「ドリンクの持ってき方」を決められる。アメリカ、日本、ブラジルなど６ヵ国のパターンがある。これがかがや最大のポイント。１つ１つに芸が仕込まれているのだ。

持ってき方・日本。一礼をし、日本舞踊を５分ほどしっかり舞う。悪ふざけでなく訓練された動きだ。舞い終えたら、なにもなかったかのような真顔でドリンクを持ってくる。

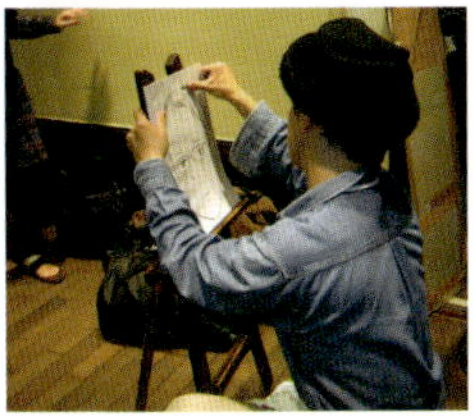

持ってき方・フランス。官能的な音楽とともに、イーゼルを持って登場。身をくねらせつつ、水彩画で客の似顔絵を描く。描き終えると、なにもなかったかのような真顔でドリンクを持ってくる。

7 埼玉県人という特製ドリンクがある

埼玉県人、地底人、宇宙人という謎の特製ドリンクがある。埼玉県人を注文すると「本当にマズいけど大丈夫？」と何度も念を押され、キャベツ太郎の匂いがする酸っぱくて辛い汁が出てきた。地底人は日によって変わり、宇宙人は高くて頼めない。

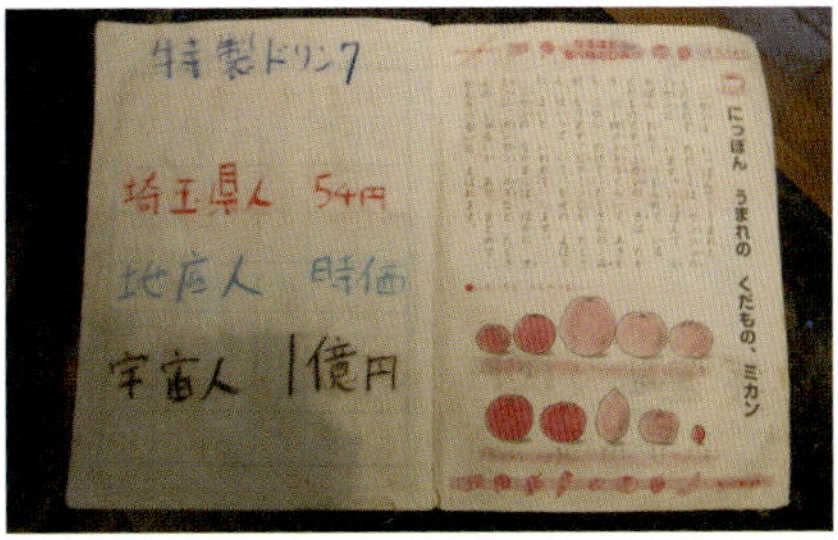

8 真顔で客席を監視している

パフォーマンスをしているとき以外は、真顔でじっと客席を監視している。料理担当のおばちゃんと店長の２人で監視をしている。これが妙な緊張感を生み、たまらないのだ。

「かがや」店主 マークかがやさん インタビュー

——どういう経緯で居酒屋をやることになったんですか？

もともと両親が新橋で小さな居酒屋をやってたんですよ。ここは知り合いが使ってた場所でね。空きが出たから借りたんです。営業を始めて26年目になりますね。

——26年！　長いんですね！　最初からこのスタイルでしたか？

普通にやってるつもりだったけど、人から見たら最初から変だったのかも。せっかくならみんな喜んでくれる方がいいし、ちょっとずつ改良して、今の形になったよ。古いお客さんからは「昔の方が動きが早かった」って言われるけど、どうしようもないよね。

——中にはこのサービスが合わないお客さんもいますか？

最初の時点でヤバいって思うときもあるけど、そういうときは淡々とやりますよ。メニュー読みのやり直しもしない。一発オッケー。

居酒屋といっても普通の店とうちを比べるのは、氷川きよしとディープ・パープルを比べるぐらい無理があるから仕方ないよね。

——逆に惚れ込んで働きたいって人もいるんじゃないですか？

ほんとたまにね。バイト希望者には「アンパンマンの下から働いてもらうよ。頭を剃って熱いタオルをのせて運ぶんだよ」って言うと「やっぱりやめます」ってなる。

——いい対処法ですね。

この仕事は労働集約的でしょ。機械化してるのアンパンマンだけだし。俺が倒れたらヤバいし、そうそう雇えないよ。雇ってるのは、親の店のときから手伝ってくれてる料理のおばちゃんだけ。

——マスターから労働集約的という言葉を聞くなんて……。

大学、経済学部だもん。

——経済学部！　てっきり美大出かなんかと思ってました。発想のもとはなんなんですか？

わかんない。お笑いが好きとかもないし。ただ、母が日舞の先生だったから、歌舞伎だったり落語だったりはよく連れてかれた。

——おお！　マスターの芸には伝統芸能に近いものを感じてたんですよ！

（哄笑しつつ）それは言いすぎでしょ〜〜！　こんなの明日やめるかもしれないよ！　でもまあルーチンという意味では型はあるのかもね。

「どうやって思いついた？」って聞かれてもわかんないからさ、海外メディアの取材では「テムズ川を散歩しているときにサンダーが頭に落ちて、アインシュタインになったんだ！」って答えるの。そうすると「オー、イエス！」って喜ぶよ。

——外人のお客さん、多いですもんね。

店を始めて6〜7年目に外人のライターが来て、気に入って。イギリスの「タイムアウト」っていう観光ガイドに載せてくれて、そこから増えたねえ。今では「ナンバ日本全国津々浦々の面白い店を巡ったが、「かがや」、一番好きかも。

著者とかがや店主のマークかがやさん。

ーワン・クレイジー・バー」で検索すると出てくるから、それを見て、来るみたい。

──いろんな国からお客さん来るなら、新しい国の持ってき方作らないんですか？

たとえばセネガルとかやっても、ハーって納得されちゃうの。学習じゃないんだから納得されても。ウケるためにはみんなの共通認識が必要で、そうなると、なかなか新しい国加えるの難しいんだよね。

──たしかに共通認識がない国だと笑えないですね。休日に新しいネタ考えてたりするんですか？

小4と幼稚園の子供がいるから、休みは公園で家族サービスをしてますよ。夏はプール行ったりね。

──お子さんいるんですね！

49歳だからね。

『ナニコレ珍百景』を見た小4の子には「パパ、面白いことやってんね」って褒められたよ。

──いや〜、意外です！　悩むこととかもあるんですか？

気が弱い人間だから、ありますよ、そりゃ。こんなことやってていいのか、こんなこといつまで続くのかって。やってることが特殊だから誰にも相談できないし。「えー、普通にやればいいのに」って言われちゃうよ。寺社仏閣を巡って、助けてください助けてくださいって言うしかないですよ。

──神頼みなんですね。今後の展望ってありますか？

今後どうしたいとかわかんない。目の前のお客さんを楽しませることを考えるだけですね。続けるだけですよ。

かがや

アクセス　各線「新橋」駅から徒歩2分
住所　港区新橋2-15-12 中原ビルB1F
電話番号　03-3591-2347
営業時間　18:00〜24:00
定休日　日・祝

24 トルコ料理屋で罵倒される

店長が全力100％でからみまくる店「ZAKURO」

店長・アリさんが客席を縦横無尽に動きまわり、からんで、からんで、からみまくる。

男には「空気を読め！」と強引に、女には「かわいー！　しかも頭良さそ！」と褒めそやしつつ、民族衣装を強引に着せていく。

2000円の「食べきれないコース」は、ケバブやラム肉などの中東料理がほんとに食べきれないほど運ばれてくる。3名以上の入店なら、タダで水タバコも吸える。

誕生日パーティーでは男性客を１人立たせ「祝いのセリフを15分間言え！」と無茶振りしていた。

床に置かれた板がテーブルがわり。約60名の客はぎゅうぎゅう詰めで座布団に座る。

入店するなり、店長・アリさんのワンマンショーはスタート。「みんなー、聞いて!! チョコをあげるよー！」と大声を張り上げ、「あなたたち2人とも気持ち悪い！」「社会の中で役に立て！」と罵倒しつつチョコをほうり投げる。挙句の果てには「お前は、死ねーー！」と全力でぶつける始末。入店早々、全力１００％のカラミだ。客が面食らっているなか、1人の男に近づき、こう囁いた。「あなた、なんのために生まれたの？」。いきなりの罵倒、いきなりの哲学的問い。我々は翻弄されるばかり。男性客には厳しいが、女性客にはひたすら甘い。「かわいーー！　結婚しよう」「荒川区役所、行こ」と求婚しまくる。

許容量の広そうな人はがんがんイジるが、マジで怒りそうな人は軽く撫でる程度。間の取り方や表情で、笑いになるギリギリラインを走っていく。毒蝮三太夫みたいな芸としての罵倒だ。

20時になると踊り子さんによるベリーダンスショーが始まる。ダンス中だろうが、店長は黙らない。「見てー！　この男、ヨダレたらしてるよー！」とイジりまわる。そして、女性客の手を取り「踊ってー、かわいー」と、むりやり舞台へ引っぱり出す。抵抗してもムダだ。「盛り上げない奴は晒し者宣言」もあり、みな必死で手を叩く。「早く立てー！　空気読めー！」と引きずり出された男子大学生は、メガネを取られ、服を脱がされ、半裸で踊っていた。最後はオールスタンディング。みんなで踊ってお祭り騒ぎだ。

ダンスが終わると、誕生日ケーキを持ってきた。誕生日パーティーを始めるという。この日一番からまれていた女性が「誕生日おめでとーー！」と祝福される。写真を撮る客たちに「Ｆａｃｅｂｏｏｋに載せろ！誕生日を祝う店って書け！」と命令していた。

怒涛の4時間は、店長の「こんな店、嫌だよねーー!!」のセルフツッコミをもってお開き。帰り際「変なこと言って、ごめんなさい」とまさかの謝罪を受けた。

第４章

「ZAKURO」店長 アリさん インタビュー

——どれぐらい前からやってるんですか？

この店は16年目だけど、雑貨の輸入会社は18年前からやってるよ。

——輸入の方が先なんですか？

そう！ 輸入会社が本業！ ここはアンテナショップだから儲かんなくてもいいというくらいの気持ちなの。レッドブルをタダで配ってたのと同じ。CMがわりだね。

——ああ、だからやけに安いんですね。はじめから輸入はうまくいったんですか？

水タバコを輸入してるけど、始めた頃はどこも買ってくれなかったよ。当時、水タバコ屋も1軒しかなかったし。じゃあ、まずは水タバコの文化から広めようって、このレストランをオープンしたのね。水タバコパーティーしたり、機械をプレゼントしたり、色んなことやったよ。商売は自分だけの小さいサイズで考えても意味ないでしょ。商売を通じて、イランとかトルコの文化を広めたい。

——文化を広める、ですか。

たとえばベリーダンスもそう。開店したての頃は、タダでお店を貸してベリーダンス教室やってたよ。あの頃は一番安い衣装で3万円。それじゃあハードル高くて始めづらいから、大量に輸入して、安く売ったの。今じゃ3000円ちょっとから買える。毎晩ベリーダンスが見られるのも、日本でここだけだしね。

——イランではなにしてたんですか？

ずっとやきもの。大学でもやきものやってた。15歳でやきもの作りの社長になって、世界の半分ぐらいはやきものの展示で巡ったよ。モスクのタイルをメインで作ってた。

——なにがきっかけで日本に？

日本も展示で来たの、晴海の見本市。当時はまだ日本語がわからなかったんだけど、見る人みんな「派手な色ですね！」しか言わないの。てっきり、こんにちはみたいな挨拶だと勘違いして、こっちも「派手な色ですね！」って返してたよ。

不敵な笑みを浮かべる店長のアリさん。

——そのまま、ずっと日本にいたんですね。

2週間の滞在予定が、結果20年になっちゃった。ボランティアで教えてた英語教室の生徒と結婚しちゃって、子供もできちゃって、逃げられなくなっちゃった！……逃げられないっていうのは冗談だよ！

——そもそも、アリさんの独特なサービスって、どうやってできたんですか？

ザクロに来る人たちにとっては、ここが、1つの国、1つの宗教の窓口になるわけ。イランの政治的な大使館は港区だけど、文客が多ければ多いほどパワーを増すアリさん。週末夜はスーパーサイヤ人状態だ。

横の女性客に「やばい、カワイイ。あなたたちを見ていたい。この男に写真撮られる1秒すら勿体ない」とちょっかいを出し、なかなかこっちを向いてくれないアリさん。

化的な大使館は日暮里って気持ちでやってるの。自分が大使なら、どうでもいいやとは思わないでしょ。心からサービスが出て当然。私からすれば気持ちのない「いらっしゃいませ」は悪口に聞こえるんだよ。だったら喜びいっぱいの「死ねー！」の方が心に届くでしょ。子犬はサービスをなにも勉強してないのに、心に入ってくるでしょ。私には振るべきシッポがないから、言葉で、全身で、喜びをアピールしてるの。それだけだよ。

——たしかにアリさんの「死ねー！」は心に響きます！

従業員にはいつも「昔からの友達が来たと思って、お客さんに接して」と伝えてる。そしたら「いらっしゃいませ、お客さま」って言わないよね。「あー人っ！ 来たー！」って嬉しくなるでしょ。その気持ちは通じるし、喜びを与えれば自分にも戻ってくるよ。美人が来たら嬉しいんだから、普通に喜べばいいんだよ！

——とはいえ、あのテンションをいつもキープするのは難しいんじゃないですか？

そりゃあ人間だから、テンション上がらない日も落ち込む日もあるよ！ でも、目の前のお客さんに全力で挑んでたら、悩んでる暇なんてないよ！

谷中銀座の入り口にある。縦横なんて気にしない看板のつけ方からも、破天荒ぶりがにじみ出ている。

天井から無数のトルコランプが吊るされている。次はトルコランプを日本に広めたいそうだ。

ZAKURO

アクセス　各線「日暮里」駅から徒歩5分
住所　荒川区西日暮里3-13-2
電話番号　03-5685-5313
営業時間　11:00～23:00
定休日　なし（不定休）

一見、何の変哲もない町のたこ焼き屋。

25 キムタク味のたこ焼きを食べる

南千住にあった念術使いの店「パワーブレンド」

南千住には、ある。

なにがあるのか？

みなさんご存知、味を自由自在に変化させるたこ焼き屋「パワーブレンド」である。

どうやって変えるのか？

みなさんご存知、物質頭脳に働きかけるのだ。ありとあらゆる物質に存在する物質頭脳に、思いをインプットして味を変えるのだ。

「あっさり味にする」「クリーミーにする」程度の変化はチョロいもの。「時を飛ばし、10年後の味にワープさせる」「木村拓哉味や坂本龍馬味にする」ことさえも可能だ。それもこれも物質頭脳のなせる技である。

味変えをお願いすると「1つだけ食べて、元の味を覚えて」と店長さん。焼きたてホカホカのたこ焼きを1つほおばると、中はトロトロ、外はパリパリ。今まで食べ

密封された風車に念を送り、回転させるご主人。


たタコ焼きで一番旨い。

「何味がいいの？　キムタク味？　はい、それじゃ変えるよ」と、店長が指をパチンと鳴らした。ポール牧よろしく指パッチンを1発かますだけで味が変わるらしい。

キムタク味のたこ焼きを食べてみると、変化がまるでわからない。そもそもキムタクの味なんて工藤静香以外の人間は知る由もない。

微妙な表情を浮かべていると「君は辛いものが好きだろ？　辛いの好きな奴は舌がバカになってるからな。もっとわかりやすいのでやってあげる」と、サイダーを出してくれた。「その炭酸にはすでに情報が入ってるから、君でも味の変更ができるよ」と驚きの発言。缶の下部を指で1回叩くと、炭酸が強くなるらしい。元の味を確かめ、人差し指でトン。飲んでみると、たしかに炭酸が強くなっている！

缶の上部を叩けば、元に戻るらしい。トンと叩いて、一口。あれ、戻ってる……。さらに下部を2回叩けば、冷たくなるという。そんな馬鹿なと叩いて飲むと、たしかに冷たい。

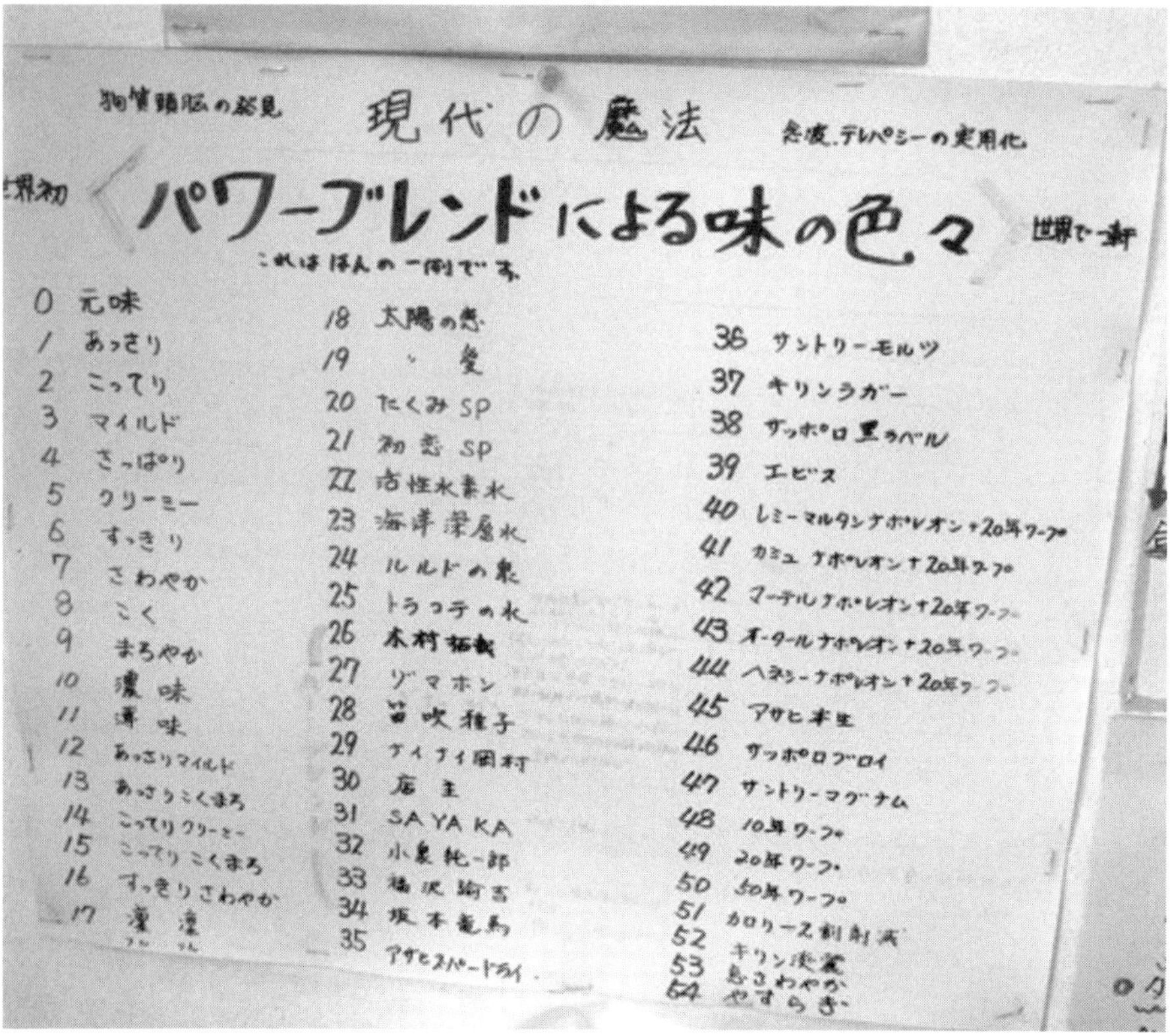

味の変化リスト。これはほんの一例で、基本的にはどんな味にでもできる。

たこ焼きでは感じ取れなかったが、サイダーは明らかに変化している！　美味しんぼの山岡さんは早急に物質頭脳を学ぶべきだ。

「もっとわかりやすいのを見せてあげよう」とおもむろに手をかざす店長。アクリル板で密閉された風車を、念の力で回すという。「おいおい、今度は念かよ。いくらなんでもそりゃ無理だろ」と思うやいなや、ま、ま、ま、回っとる！　回っとるがな!!　さっきまでピクリともしてなかった風車が、ゆっくり回転しとる！　手の向きによって、回転方向も変わっている。

「この店自体に念がこもっているから、君でも少しは回せるよ。風車が回りたいと思ってる方向に動かせばいい」と教えられ、手をかざしてみるとピクッピクッと風車が痙攣している。店長がなにかしら操作してるんじゃないかと疑い、他の客の対応中にこっそり手をかざしても、やはりピクピク動いていた。恐るべし、物質頭脳と念。

「パワーブレンド」語録

ここでは、パワーブレンドの店長が真剣な表情で熱く語ってくれた、数々の語録をご紹介しよう。たこ焼き屋はあくまで仮の姿だということが窺い知れる。

「極めてしまえば、世界中どこにある物でも味の変更ができるようになる。俺は今ね、南千住あたりのコカコーラの味を変えてるんだよ。ためしに他の地域のコカコーラと飲み比べてみな。南千住のものの方が、炭酸も味も強いはずだから」

「数年前からアメリカやロシアのミサイルにも念を送っているんだ。爆発しないようにね。平和であってほしいからね。こればかりは成功してるかどうかわからない。いざとなって、爆発しなければ成功だと思ってほしい」

「いきなりこういう話をしても、わかってもらえないだろ。だから、たこ焼き屋やってんの。たこ焼きの味を変えて、実際に力を体験してもらうことから始めてるの」

香水の匂いやタバコの味を変えることも可能だ。

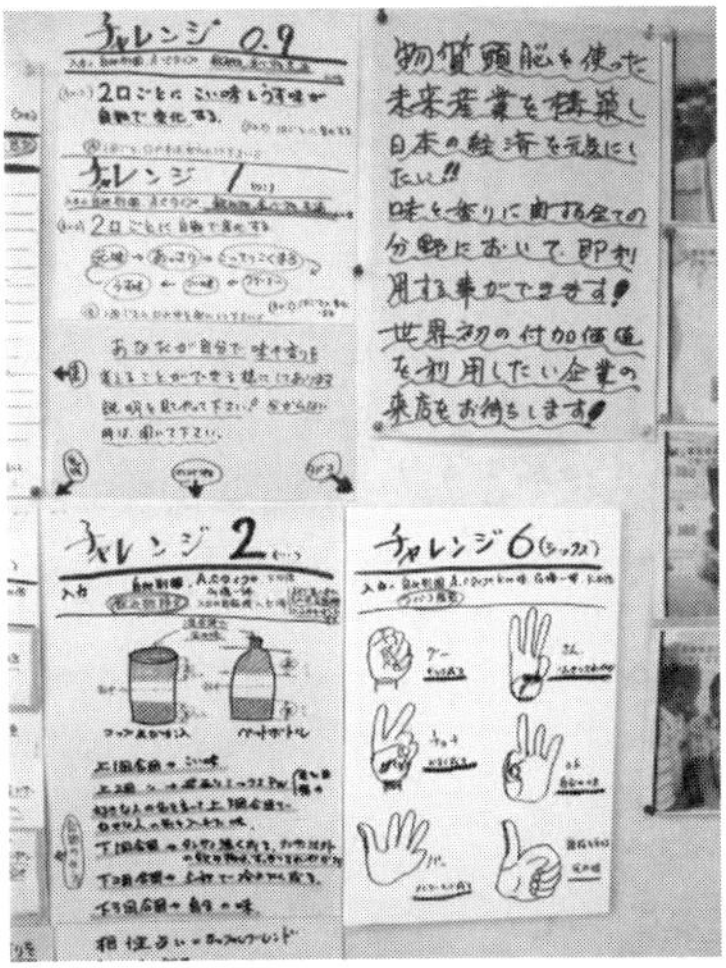

物質頭脳への情報注入ノウハウが壁にぎっしり貼られている。物質頭脳は店長さんが発見した概念だ。

テレビ出演した際に、情報入りサイダーをプレゼントしたら3万件も応募が来た。

近隣に住むお客さんにも人気の大粒のたこ焼き。このまま食べても充分美味しい。

パワーブレンド TANAKA

アクセス 各線「南千住駅」から徒歩2分
住所 荒川区南千住 7-4-7
電話 03-3803-2924
営業時間 12:00 ～売切れ次第
定休日 水

26 スコップ三味線を奏でる

厳寒の津軽からやってきた激アツスナック「スリーナイン」

田無駅、ほど近く。目的のスナックはビルの地下にある。「バン！　バン！　バン！」と外にまで打撃音が響いている。打撃音が聞こえるスナックなど、本来なら恐ろしくってとても入店できないが、ここ「スリーナイン」はご安心を。ただ〝スコップ三味線〟を弾いているだけなのだ。

「津軽じゃね、だいたいみんな知ってますよ」「基本的には宴会芸ですわ」とおっしゃるのはマスターの小関さん。

　昼間は広告会社を経営、夜はこの店と2つの顔を持つ男だ。

「やり方は簡単で、音楽に合わせてスコップを叩くだけ。バチは栓抜きでいいよ」とのこと。曲も好きなものをカラオケでかければOK。『津軽じょんがら節』でもいいし、ベンチャーズでも女子十二楽坊でも矢沢永吉だっていい。バチについても栓抜きではなく、しゃもじでもゴルフクラブでもいい。とにかくスコップを叩けりゃなんだっていいという、自由度の高さが面白い。

　そもそもスコップ三味線は、31年前に家元の舘岡屏風山さんがスコップの打ち方やピックパフォーマンスを考え、生み出されたもの。名誉大会長は吉幾三で、競技人口は1万人ほど。腕前に応じて段位が定められ、特に優れた者は準師範、師範に任命される。「司会の善し悪し」「バチさばき」「曲のプロモーション」「衣装」「客ウケ」を総合評価するそうだ。師範クラスは現在7人で、マスターもそのうちの1人。

　なんだか想像してたよりスケールがデカいぞ、スコップ三味線。

　スコップ三味線の全容を把握してきたところで、「どうもー」とマイスコップを持参して入店してきた大竹まこと似のダンディーなおじさま。「お、ちょうど良かった。この方ね、6代目世界チャンピオンの松幸

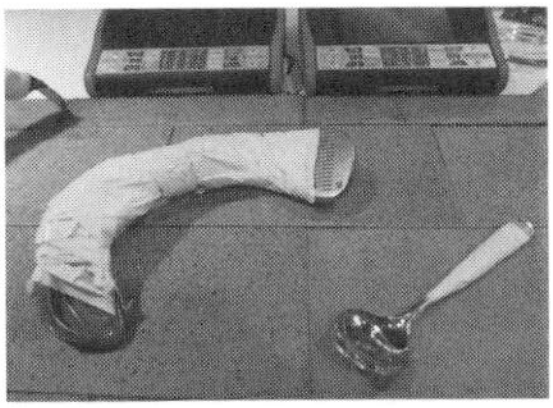

バチの数々。左のはゴルフクラブをガムテープでつなぎ合わせている。

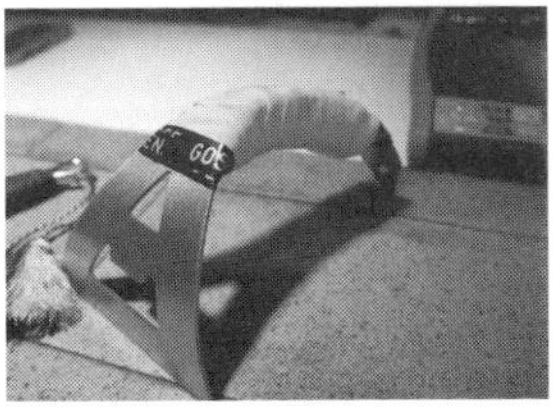

師範代クラスが使うプロ用バチ。癖のある形状だが、使いこなせば高橋名人ばりの連打ができる。

6代目世界チャンピオンの舘岡松幸さん。花見でプレイしたら何重にも人だかりができたとか。

さん」と紹介をされる。え、世界チャンピオン？　スコップ三味線なのに？

なんでもスコップ三味線は、東京と青森だけでなく、名古屋や大阪などにも支部があり、果てはオーストラリアやアメリカにまで支部が存在するらしい。世界大会は年1度、12月に青森県五所川原市で行われる。出場料は3000円、ネットで申し込み可能。個人の部と団体の部があり、個人戦は30名、団体戦は15組ほど出場する。6分間のパフォーマンスを審査員が裁く。

世界大会の動画を見せてもらったのだが、出場者の層がかなり幅広い。若い女の子もいれば、80代のおじいちゃんもいる。中でも異色の存在が地元工業高校の先生。彼は毎年「ロボスコップ」と呼ばれるロボットを制作し、そいつにスコップ三味線を弾かせる。床屋さんにあるようなマネキンが取りつけられた不気味なロボがスコップをぺしぺし叩いている光景は、サイコホラーの趣だ。年を経るごとにロボの精度も増しており、これが楽しみでやってくるギャラリーも多いとか。

第6代世界チャンピオンの松幸さんは、師匠・幸月さん（本業は保育園の先生）に弟子入りし、1年半の猛特訓の末、優勝した。「練習しまくりの1年半でしたよ。電車の中でも手首だけぷるぷる動かしてイメトレしてた。アル中だと思われてただろうね。自宅では、刺身の発泡スチロールをしゃもじで叩いて練習したな」と厳しかったあの日々を振り返る。

「バチさばきを覚えるまで栓抜きしか使うな、と師匠から制約されてたけど、そろそろプロ用バチを解禁しようかな」ともおっしゃっていた。家元がプロデュースしたプロ用バチは、ピックの両端が叩けるようになっていて、使いこなせば凄まじい連打を実現できる。

師範、世界大会、プロ用バチ、ロボスコップ……。聞けば聞くほど、世界が広がる。理解できたと思った矢先、スコップ三味線は一歩先を行く。アキレスと亀のような存在だ。

「まずは1曲お見せしましょう」とおもむろに立ち上がる6代目世界チャンピオン。ステージに上がり、奏でるのは『津軽じょ

ここで忘年会を開いたら、常連さんも交ざり込んで叩けや歌えやの大盛り上がりだった。

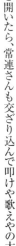

んがら節』。スピーカーから流れる爆音のじょんがら節に合わせ、ベシベシとスコップを乱打する。背筋はピンと伸び、見事なピックパフォーマンス。時折、私の方に目をやり、不敵な笑みを浮かべる。

な、なんだ、この謎の格好良さは！　自然と体がノってしまう。1曲弾き終わる頃にはすっかり心をわしづかみされてしまった。

「松澤さんもやってみましょう」とスコップを渡される。連打と単打、溝を叩く〝ずり上げ〟、バチで表面をこする〝コスリ〟などの技をレクチャーされる。「スコップの柄は、低音なら下を、高音なら上の方を握ると、雰囲気出ますよ」とネックパフォーマンスも伝授してくれた。基本を覚えたら、あとは演奏者のセンスと発想だという。

スコップ業界ではアゲアゲ曲として定評のある長山洋子『じょんがら女節』を、お2人に交じって、弾かせてもらった。単純なようで、やってみるとこれが案外難しい。チャンピオンのように、ギャラリーを意識したパフォーマンスなど行う余裕もなく、ひたすら下を向き、スコップを単調に叩くのが精一杯。音痴ゆえに叩くテンポもずれている。こりゃ、まともに叩くだけでも相当トレーニングが必要だぞ。

「年末は2人で『第九』をやろうかな」と語り合っていた。スコップ三味線で暮れる年の瀬。聞くだに楽しそう。なお、家元を含め、本物の三味線が弾ける人はほとんどいない。

矢沢を歌いながら叩くマスター。三味線から一転、ベースのような奏法に変わっていた。

初心者も大歓迎。手とり足とり教えてくれる。マジで盛り上がるぞ！

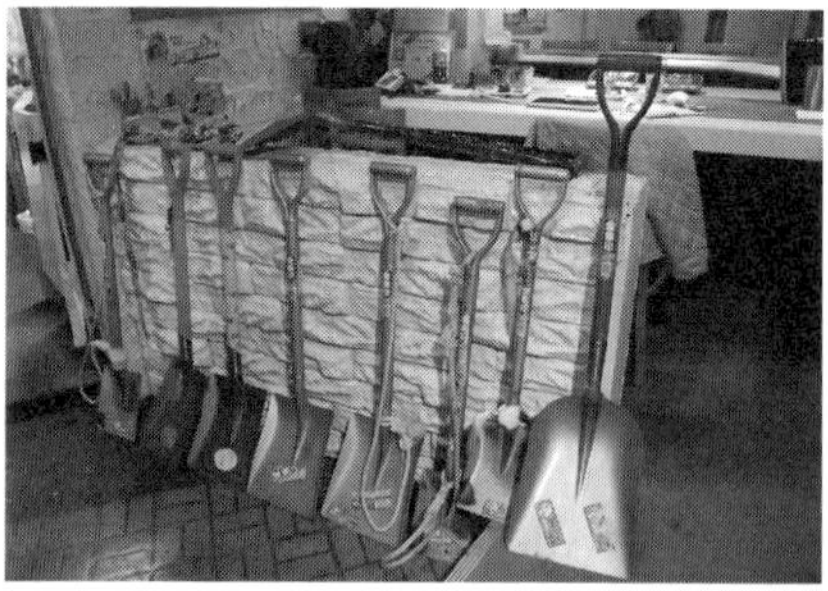
常時10本ほどスコップが用意されている。ほとんどホームセンターで買ったそう。

スコップ三味線スリーナイン

アクセス　西武新宿線「田無」駅から徒歩５分
住所　西東京市田無町2-9-1 山岡ビルB1F
電話番号　042-497-4550
営業時間　19:00～翌2:00
定休日　日

27 カラオケパブで変装する

阿佐ヶ谷で目撃された謎のおじさんは「プレステージ」のマスターだった

空気で膨らませるデカい看板。「目立ちすぎて、うちが霞む」と泣きつかれ、1階の店が閉店してから出すようにしたそうだ。

「巨大な羽を頭につけて、ばっちりアイメイクをしたおっちゃんが、よなよな商店街を歩きまわっている」

阿佐ヶ谷に住む友人が、都市伝説でも語るように教えてくれた。そのおっちゃん、どうやらカラオケパブをやっているらしい。公式サイトを覗いてみると、「タッキー滝口の歌う笑劇場！　21時以降は爆発タイム！」とある。爆発タイム。なんて気になる響きなんだ。

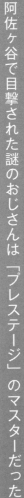

22時にお店に到着。扉を開けると、リーゼントに学ラン姿のタッキー滝口さんが、氣志團を熱唱している。フリも完璧。まさに爆発タイム、まさにワンナイトカーニバルだ。

タッキーさんは、カラオケパブ「プレステージ」の経営者。若い頃は素人参加型のお笑い番組にちょくちょく出ていた。「ふざけたり笑わせるのが好きだけど、プロの足

「待ちやがれ！　御用だ！」と飛び出し『銭形平次』を歌う。十手を回す早業にシャッター速度がおっつかない。

着物姿の私の横で、なぜかグーフィーのメイクをしたタッキーが太鼓を叩く。62歳にはまるで見えない。

元にも及ばない。でも、好きだからね。草野球のホームランバッターを目指すことにしたんだ！」と、自分の店のステージで、日々、変装ショーを繰り広げる。レパートリーは200曲以上。顔のメイクはポスカで描く。

「パフォーマンスはオカマバーで鍛えたんです。昔、ママさんからお駄賃もらって、盛り上げ役やってたんでね」

昼はスポーツショップの2代目として働いて、夜はオカマバーで芸を磨いた。睡眠時間は3時間ほどだったとか。そんな話を聞いてると「タッキー、一緒に歌お！」とお声が掛かった。客と即興でタッグを組み、サングラスをかけて、クリスタルキングを熱唱する。

さあさ歌って、と乗せられて、私も『お祭りマンボ』を歌うことに。「賑やかな曲なんで派手な着物がいいでしょう。カツラにハチマキもかぶせよう」とコーディネートしてくれた。変装グッズは客も自由に使って良い。歌い出すまでは恥ずかしいが、1曲歌えば吹っ切れる。ギャラリーの視線が妙に気持ちいい。タッキーさんは和太鼓

聖子ちゃんを歌うタッキーの奥さん。サビでギャラリーにマフラーを投げていた。この夫婦、ノリノリである。

ステージ脇の変装ルーム。衣装、カツラ、小道具を組み合わせ、200以上の変装が可能だ。

タッキーのパフォーマンスにスタンディングオベーションする客たち。

を叩き、盛り上げてくれた。曲が終わると拍手をいただく。「ここで知り合って結婚した客が7組もいるんだよ」というのも、なんだか頷ける。

タッキー滝口さんいわく「テンションが上がらないときこそ、あえて思いっきりバカなメイクをする」そうだ。

タッキー滝口のプレステージ

アクセス　各線「阿佐ヶ谷」駅から徒歩11分
住所　杉並区阿佐谷南1-9-6 志村ビルB1F
電話番号　03-3318-6730
営業時間　娯楽タイム13:00～17:30、サービスタイム19:00～21:00、爆発タイム21:00～翌5:00
定休日　なし

立ち見を含めて30名のお客さんに珍スポトークをしまくった。

28

1日だけでも洒落たバーの店長になる

一夜限りの〝別視点ガイドBAR〟開店記

お洒落なBARのマスターになってみたい。男なら一度は憧れる夢だろう。だって、ハチャメチャにモテそうだから。そんな夢を1日だけ叶えてくれるのが「コラボカフェ」だ。東京を中心にいくつかある店舗から、好きなところを選んでレンタルできるのだ。

今回は大人の社交場・神楽坂の店舗をお借りして「別視点ガイドBAR」を開店することと相成った。マスターの私が、ジュークボックスよろしく1スポット200円で珍スポの話をするというバーである。平日18～23時で借りて2万520円（契約手数料、プロジェクター使用料含む）。保証金1万円も必要だが、解約時に返却される。

コップやお皿はもちろん、調理器具もひと通り用意されているので、当日はドリンクや食べ物を持参すれば良い。手書きのメニュー表だけあらかじめ作っておき、近くのスーパーでソフトドリンクとアルコールを買い込み、つまみとして世界で一番旨い食物であるバナナだけを持って、18時に入店。1時間かけてテーブルやプロジェクターのセッティングを行い、看板を書いて、19時にオープン。

通りすがりのお客さんが入ってくることはあまりなさそうなので、集客はおのれのネットワークに頼るほかない。自分の場合は運営しているサイト「東京別視点ガイド」で告知をしていたので、開店からほどなくして20席満席となった。

「お客様、ワインには賞味期限の表示がないのをご存知ですか。それは瓶詰め後も熟成を続けるからなのです」といった具合に紳士で知的な会話を繰り広げるつもりだったが、初めてのマスター体験に「え？ 白ワインじゃなくて赤の方？ すみません！」「え？ バナナはつまみにならない？ すコラボカフェは渋谷、湯島、大崎などにもあるよ。

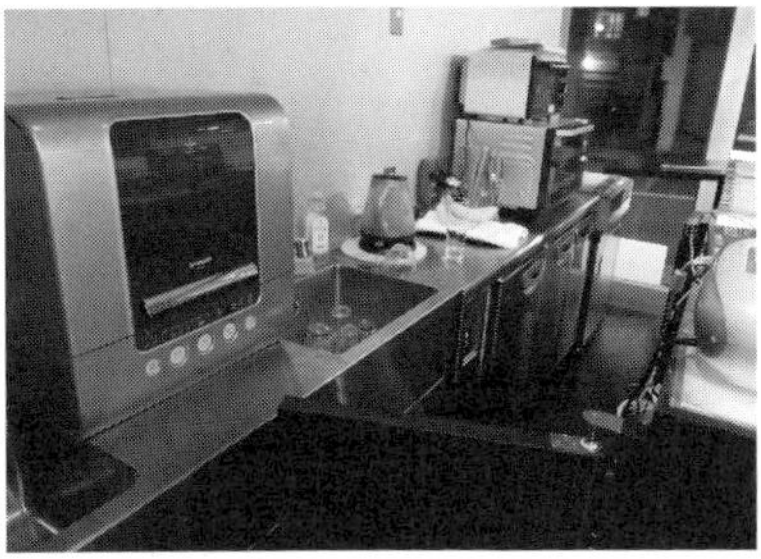
自動食器洗い機やIHクッキングヒーターもある。

お洒落な雰囲気の店内。こんな店を経営していたらきっとウハウハな体験ができるだろう。

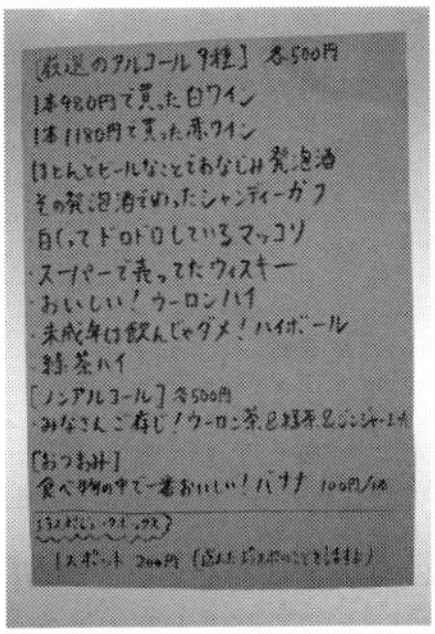

バーをやるからにはメニューにこだわりたいところ。「1本480円で買った白ワイン」「スーパーで売ってたウイスキー」「ほとんどビールでおなじみ発泡酒」などを取り揃えた。

カウンターに立って、グラスを持つだけでマスターっぽさが醸し出される。

めちゃくちゃ小さく店名を書き、余白を贅沢に使った看板。

みません！」とてんてこ舞い。ドリンクの注文が一段落したら、スライドを使ってみっちり3時間珍スポ話をしていたので、バーというよりトークライブに近い空気であった。22時に閉店。お客さんがはけてから店内を清掃しゴミをまとめ、23時に撤収した。

メニューにもっとこだわれば仕込みが必要になるだろうけど、基本的には難しいことはなにもなく、バーのマスターやれちゃうんです。1日だけ夢を実現してみてはいかがでしょ。

ColaboCafe
※都内を中心に11ヵ所をレンタル。
※ウェブフォームにより見学・予約可。

コラム 3

記念撮影でするべき たった１つのポーズ〝横不動《よこふどう》〟

あらゆるスポットで撮影を繰り返す中で、旧来の記念撮影シーンを塗り変えるポーズを発見してしまった。道具は不要、複雑な動きも必要なし。老若男女を問わず実践できる革命的ポージングだ。

古くさいピースサインとは、もう、おさらばのときである。

これが今回、新しく提案する記念撮影のポージング。〝横不動〟である。

直立不動ならぬ横不動。クールでニヒルな無表情を決め込み、浮わつきのない大人な空気感を演出している。

桜の咲く場所で

桜の美しさとごった返す花見客のせいで、主役たるおのれが埋もれている。これでは、なんのための記念撮影かわからない。

ところが、横不動ならばこの通り。とたんに周囲の歩行者から浮かび上がり、被写体としての力がぐんとアップしているのがおわかりだろう。

遊具を使った撮影にも

小さな遊園地で撮影。子供向け遊具ゆえ無理にはしゃいでいる感じが出ている。

これぞ、大人のお遊戯。強烈な存在感を放つ白バイを、見事に乗りこなしている。

第1章
第2章
第3章
第4章
第5章
第6章
第7章

第5章

誰もやらないから やってみる

ここでしかできない（やらない）、
思いつきと体当たりの取材記録

29 食べログ1位の店をハシゴする

名店集う美食の街……それは小岩!

土地勘のない場所での食事は、もっぱら食べログに頼っている。高得点のお店に入れば、大抵旨いし合理的だ。サイトでは駅やジャンルで細かく分類されているのだが、よくよく観察していると、あることに気づいた。ジャンル1位の店が、小岩駅周辺にやけに固まっているのだ。ネパール料理、タイ料理、焼きとんと3ジャンルのトップが集結している。なぜよりによって東京の外れ、総武線の地味な駅にこれだけ集まっているのか。そんな疑問を抱えたまま、すべての店舗を1晩でハシゴしてみた。

●ネパール料理・全国で1位「サンサール」

ネパール料理店・全国1257軒中第1位の「サンサール」で1発目の晩飯を食らう。フラワーロード商店街で営業を始めて17年目。オーナーシェフのウルミラさんは、レストランでの修業は特にしていないそうだ。「おばあちゃんから代々伝わる家庭の味だよ」とおっしゃっていた。どの料理も野菜がふんだんに使われ、健康に良さそう。裏メニューもたんまりあって、ファミコンゲームの魔界村みたいに、何周も何周も楽しめそうだ。

●焼きとん・東京で1位「豚小家」

東京の焼きとん屋・513軒の第1位は「豚小家」だ。焼きとんの名店はボロいけどウマい、昔ながらの店舗が多いが、ここ豚小家は清潔で温かみのある内装で、女性でも入りやすい。店長さんは飲食店での修業経験はあるものの、もつ焼き自体は独学だという。1本80円からと、どえらい安さにもかかわらず、1本1本デカいのなんの。こういう無骨なもつ焼きって嬉しい楽しい大好き!

●タイ料理・全国で1位「いなかむら」

締めはタイ料理店・全国1580軒中1位の「いなかむら」だ。「いなかむら」という店名がタイ料理屋っぽくないが、これは前に入居していた居酒屋の名前をそのまま使っているから。日本全国のタイ料理屋を400軒以上巡っているという常連客がたまたま居合わせたのだが、「いなかむらは相当旨い!わざわざ小岩まで来てしまう!」と太鼓判を押していた。某コンビニとのコラボ企画も「素材選びから徹底したいから、店の規模はむやみに大きくできない」と、断ったそうだ。

●3店舗をハシゴして

これだけ短時間にこれだけ多ジャンルの旨い店を巡れるエリアもそうそうあるまい。実際にハシゴを試したい方は、午前中からやっているサンサールをランチに回すといいかも。

1つ隣の新小岩にはラーメン1位「一燈」がある。美しすぎるつけ麺で油絵にしたいレベル。

ダル（豆のスープ）とバード（米）を合わせたネパールの定番定食・ダルバード。日本でいえばカフェのプレートランチみたいなもんね。

マトンとチキンを混ぜて皮で包み込んだモモ。カレー味の小龍包って感じ。現地ではおやつ感覚でつまむとか。

ネパールのお好み焼きという触れ込みのウォー。豆腐ハンバーグに近い。中からは卵の黄身がトロリと出てきた。

サンサール 小岩店

アクセス　JR「小岩」駅から徒歩10分
住所　江戸川区南小岩5-18-16
電話番号　03-5668-3637
営業時間　11:00～14:30、17:30～22:30
定休日　なし

左からコブクロ、アブラ、軟骨、シロ。しっかりと歯ごたえがあるのに、何度か噛むだけでほぐれる。

刺しの５点盛り。レバ、ハツ、タン、テッポウ、リンゲル（産道）。臭みもエグみもまったくなくって、そのままなんにもつけなくても食えるぐらい。旨すぎちゃん。

豚小家

アクセス　JR「小岩」駅から徒歩５分
住所　江戸川区西小岩1-27-9
電話番号　03-5693-2532
営業時間　18:00～翌1:00
定休日　月

３食目の晩御飯だというのに、ガッツガツいけちゃうガパオ飯。なんだったら汁だけでも食いまくれる。

常連さんがおすすめしてくれたネームクルック。ミントやパクチーといった香草、タイソーセージ、そして、おこげが入ったサラダ。かなり辛いけど爽やかな後味だ。

いなかむら

アクセス　JR「小岩」駅から徒歩２分
住所　江戸川区南小岩 7-26-21
電話番号　03-3659-2189
営業時間　18:00 ～ 24:00
定休日　第２火曜日

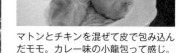

30 おひとりさまを極める

大人のひとりでできるもん

社会に揉まれる大人には、1人になりたい休日もある。

そんなハードボイルド気分のあなたに、おひとりさまを極める1日をご紹介しよう。

●ひとり焼肉

おひとりさま最大の鬼門、それは焼肉。1人焼肉さえクリアすれば、もはや、おふたりさまと言っても差し支えないほど、いっちょまえのおひとりさまだ。

我々おひとりさま弱者は、時折襲いくる肉欲を、松屋の牛焼肉定食でしのぐしかなかった。だが、力強い味方が新宿にできたのだ。立ち食いスタイルの焼肉屋「治郎丸」だ。カウンターにロースターが置かれ、8人も入れば店内は満員だ。

ネタケースに肉塊が並び、板前はっぴを着た職人がスライスする。焼肉屋というより寿司屋に近い。A5ランク、A4ランクの肉も200円代から食べられ、一番安い部位は30円から。ボタン、喉笛、トントロ、てっぽう、まるちょう、バラ山、ザブトンと頼んでも710円と破格のお値段。物によって1~2枚と肉の枚数が変わる。小分けだから色んな部位を食べられて嬉しい。

焼き係もいなければ、取り分け役もいない。おのれ1人ですべてをコントロールするほかない。はじめに皿とタレを創造し、肉よあれと焼き上げる。焼けるまでの沈黙もまたひとり焼肉の醍醐味だろう。

●ひとりカラオケ

空腹を満たしたら、自然と体が欲するのは娯楽。ひとりカラオケ専門店「ワンカラ」で歌おう。宇宙船をモチーフにした内装で、受付はターミナル、個室はピット、入店はピットインという。宇宙の星が星座をなすように、ひとりカラオケの我々も、きっとどこかで繋がっている。

ピット内にスピーカーはなく、ヘッドフォンが必須。レンタルも可能だ。1畳半ほどのスペースに、歌詞が出る液晶テレビ、アンプ、コンデンサーマイクが備えつけてある。

こぢんまりとした個室の中で、壁に向かってブルーハーツを歌っていると、まるで懺悔室で罪を吐露してるような気分になってくる。歌い終わると魂が救済されたような清々しさだった。

●ひとり喫茶店

大声を出してスッキリしたら、一転、静かな空間を求め千駄木駅へ。おひとりさま専用読書空間「結構人ミルクホール」でコーヒーと自家製チーズケーキを嗜みつつ、本を読もうではないか。もともと花屋の倉庫だった場所を、マスターが1人で落ち着いた空間に作りかえた。「古本喫茶として開店しましたが、徐々に読書空間に変えました。1人客が増えてたので、ニーズに合わせて。コーヒーを1杯1杯淹れているから、一気に来られても早く出せないっていう事情もありますし」とマスター。

店内はすべて1人席。複数名で来ても1人ずつばらばらに座る。席ごとに仕切りがあり、他人の視線も気にならない。ためしに『闇金ウシジマくん』を読んでみると、いつもより没頭でき、人間の欲深さに震え、ますます「おひとりさまであろう」との意志が固まった。

味集中カウンターのある「ラーメン一蘭」もおひとりさま向けだ。

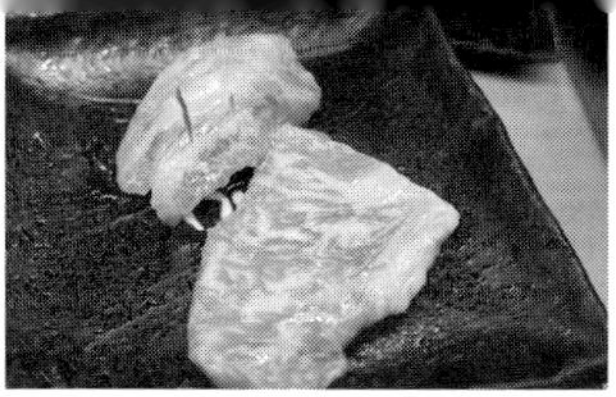

Ａ４ランクのバラ山とザブトン。１枚だけど厚めに切っているから満足感あり。

のせて焼いて食ってのローテーション。ひとり焼肉は、こなすべきタスクが多くて忙しい。

治郎丸

アクセス　西武新宿線「西武新宿」駅から徒歩30秒
住所　新宿区歌舞伎町1-26-3
電話番号　03-6380-3292
営業時間　11:30～翌5:00
定休日　なし

ピットの中は自分だけの小宇宙

ミュージシャンも使用しているコンデンサーマイクで歌えるのだ。

ワンカラ　新宿大ガード店

アクセス　都営大江戸線「新宿西口」駅すぐ
住所　新宿区西新宿7-1-1 4F
電話番号　03-5332-8844
営業時間　24時間営業
定休日　なし

すべて１人席で居心地良すぎ。マックでさえ２～３時間は余裕で滞在する私は一生抜け出せない恐れ有り。

結構人ミルクホール

アクセス　東京メトロ千代田線「千駄木」もしくは「根津」各徒歩５分
住所　文京区千駄木2-48-16
営業時間　12:15頃～19:00（LO）
定休日　金

昼飯は競艇場で煮込みライス（600円）。水辺の観覧席でピクニック気分のランチだ。

南船橋の駅前には、船橋オートレース場とIKEAが共存する。輝く笑顔がIKEAの客、伏し目がちなのがオートの客だ。

31 公営ギャンブルをハシゴする

4種類の公営ギャンブルを1日で制覇

競馬・競艇・競輪・オートレース。4種の公営ギャンブルを1日ですべて巡ることはできるのか。レース開催時間は、いずれも大体10時～16時。6時間しか猶予がない。すべてのレースが都内近郊で開催される日もそうそうない。開催スケジュールを精読し、10月11日（土）に狙いを定めた。

●10時～船橋オート（南船橋）

朝8時に起床し、一路、南船橋へ。最初の目的地は船橋オートレースだ。南船橋はIKEAと船橋オートが共存する町。どちらに向かうかで、はやくも一戦、勝敗が決する。10時20分開場。朝一のレースとあって会場はガラガラだ。おっさんに交じって、ちらほら若い女子もいる。オートレーサーにはイケメンが多く、元SMAPの森くんもオートレーサー。おそらく彼らのファンなのだろう。

入り口でもらった出走表を眺める。初めてのオートレースで選手知識はゼロなので、手堅く複勝（選んだ選手が3着以内なら当たり）で2口購入。案外狭いレース場を、密集しながらバイクの群れが走る。そうとう肝が据わってないとできないな、こりゃ。購入した車券が1口的中するも、なんと倍率1・0倍。500円が500円になって戻ってきた。こんなこともあるのか。

●13時半～平和島競艇場（平和島）

オートレースを1レースだけ賭けたら、速攻で次の目的地、東京シティ競馬へ。時間がカツカツなので各ギャンブル1レースだけの勝負となる。到着すると、レースではなく、フリマをやっている。係員に尋ねると、この日レースが開催されているのは「東京競馬場」で「東京シティ競馬」ではなかった。ズブの素人すぎて、両者は同じ

レース場に入らず、あえて外のモニターで観戦するおじいちゃんがかなりいる。テレビが珍しかった頃の光景っぽい。

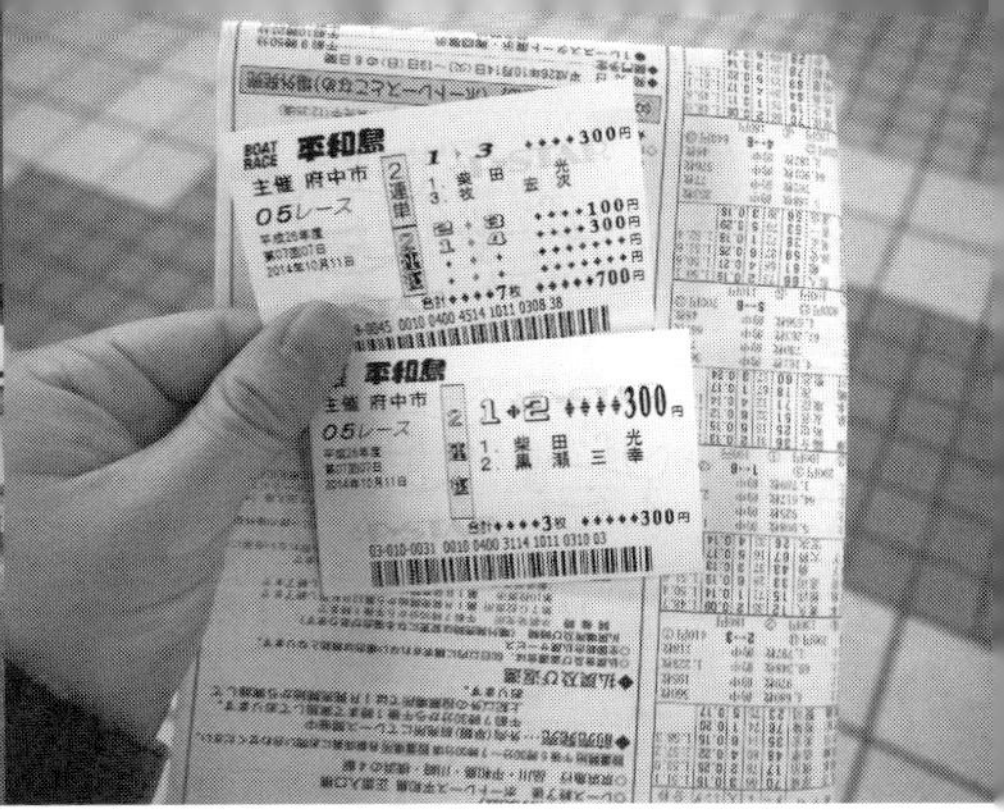

競艇の当たり券。300円が720円になった。

ところだと勘違いしていた。急遽、計画変更。競馬は立川のウインズ（場外馬券場）でなんとかするとして、先に平和島競艇を攻める。競艇場は東京シティ競馬のすぐ南。20分かけて歩く。

　平和島競艇は見渡す限り、おじいちゃんばかり。平均年齢は65歳を超えているだろう。6艇で競われる競艇は他のギャンブルに比べて当てやすいが倍率は低くなりがち。年金を使って手堅く暇をつぶすにはうってつけのギャンブルなのだろう。2連複を当て300円が720円になった。

●15時半～ウインズ立川（立川）

　立川駅に着くやウインズに小走り。15時半出走のレースになんとか間に合った。競馬は公営ギャンブルの花形とあって、会場にいるお客さんの年齢層が幅広い。急いで馬券を買い、結果も待たずに駅に戻る。立川競輪への最終送迎バスに滑り込んだ。

　バスの中でレース結果を確認すると、200円→460円の2.3倍が的中していた。

●16時～立川競輪場（立川）

　かけ込みセーフで立川競輪の最終レースに到着。競艇に匹敵するじいさん率の高さ。場内はそれほど混んでいない。皆まったりと観戦していると思いきや、レースが始まるや金網にしがみつく老人たち。決着がつくと、バックヤードに帰る選手に「バカ！　バカ！」「アホ！」とシンプルな罵声を浴びせる。落胆のため息は聞こえても、罵倒の現場を見るのは競輪が初めてだ。負けた選手に対してだけかと思いきや「2番！　この野郎！」と1着だった選手にも罵倒の牙は剥かれていた。勝っても負けても怒鳴られるなんてなかなかしんどい商売だ。

　競馬だけは生で見ることができなかったが、1日で4種のギャンブルを制覇できた。休憩なし、ノンストップで動き続けるからヘトヘトになるけどね。なお、収支は当たったりハズれたりで、合計でマイナス2400円だった。

どのレース場にも大抵モツ煮があって、結構旨い。ギャンブル飯の食べ比べも楽しい。

32 知らない人の自宅に上がり込んでパーティーする

ふるさとに帰ろう

家みたいな店が好きだ。本来立ち入れないはずのひとんちと千客万来のお店、矛盾する両者の間を揺れ動く、そんな、家みたいな店が好きなのだ。高円寺の「家庭料理ふるさと」は、田舎のばあちゃんちみたいな店である。

18時にうかがうと、店内は真っ暗。ドアに手をかけると、扉に鍵はかかっていない。「不在のときは店内中央インターフォンでお知らせください」の紙が貼られている。スマホの明かりだけを頼りにインターフォンを探し出す。

受話器から聞こえるおばあちゃんの声。「やってますか?」と尋ねると「やってる」とのこと。やっているのか。少し待つと声の主、青山さんがやってきた。80歳だがシュッとしていて、だいぶ若く見える。なんでもすぐ裏手の「スナック萩」でウトウトしていたそうだ。スナック萩とこのふるさとは、大人1人通るのがやっとの激細通路で繋がっている。

明かりをつけると、ふるさとの全貌が明らかに。カウンターには皿が山と積まれ、酢飯を作る桶、おばあちゃんの飲み薬が置かれている。壁に掛かった3つの時計はすべて微妙にズレていて、小上がりには布団が敷いてある。ここで寝るそうだ。

「1人1000円くれれば、何時間いてもいい」と、特殊な料金システムを説明してくれた。基本は持ち込み制で、場所を貸すだけ。スナック萩でカラオケをしてもいい。「もう、店は半分道楽だから。持ち込みなら横になってても小銭稼げるでしょ」。睡眠を第一に組み上げたシステムの

店舗中央のインターフォン。こいつを見つけないことには宴は始まらない。

気まぐれで鍋や手作り料理を出してくれることもある。

看板が出ていてなお、普通の家ではないかと疑わしい外観。

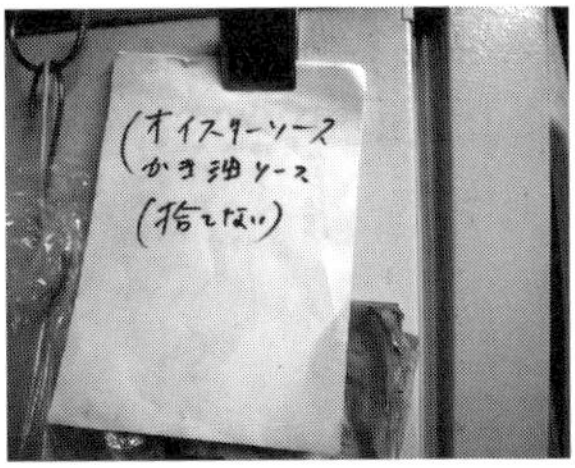

冷蔵庫に「オイスターソース（捨てない）」のメモ書きが貼られていた。

天井からハエ取り紙がぶらさがり、田舎のばあちゃんちっぽさを演出。虫、取れまくりだ。

スナック萩とふるさとをつなぐ激狭通路。義経もビックリな鵯越（ひよどりごえ）級の難路だ。

スナック萩は家っぽくない。丁寧に使い込まれたカウンターがいい。

テーブルの上には包丁も置かれていた。

ようだ。

「店は40年前からやってるよ。60歳までは昼は会社役員やって、夜は萩とふるさとを1人で回してた。あの頃は2時間睡眠で平気だったけど、今はたくさん寝たいね」

高円寺にいくつか不動産を持っていて、その賃料で暮らしているらしい。

「昔はいっつも満員。儲かった金をベッドまで持ってく力も残らなかったよ。朝起きたら札が減っててね。息子がつかんでって、大学の後輩に飯おごってたみたい」

豪快な昔話を肴に、コンビニで買ってきたワンカップを飲みほした。

家庭料理ふるさと

アクセス 各線「高円寺」駅から徒歩3分
住所 杉並区高円寺南4-42-1
電話番号 03-3314-3695
セット料金 1000円

33 レアな便所サンダルを探す

「便サンは体の一部である」

「今、便サンシーンが盛り上がっているのです」とおっしゃるのは、ナビゲートをしてくれる便所サンダル専門通販サイト「ベンサン．ＪＰ」の飯田店長。愛好家たちは便所のみならず、町に、会社に、学校に、どこにでも履いて出かけるそうだ。

小雨降る天候だったが「たかが初台行くぐらいで、靴なんて履けませんよ」と便サンを履いてやってきた。「水気の多い便所で履くものですから滑りにくいんです。雨の日に最適ですね」と愛用のダンヒルを指差す。

ダンヒルは便所サンダルの型名。さまざまな型があるが、ニシベケミカル社のダンヒルがピカイチだという。飯田さんは「ニシベのダンヒルを単なる便所サンダルと見るのは愚かなこと」と断言。履き心地が抜群だとか。

このダンヒル、実店舗で買うのがなかなか難しい。安い中国製便サンばかりが出回っているそうだ。「売れ残りを何年も放置する店に勝算あり。地方でおじいさんが1人でやってるようなとこが最高。回転の早い繁盛店にレア物はない」と連れてこられたのが、初台にある、主に靴と傘を扱う履物店。さっそく店頭ワゴンを漁る。「あ、マニア筋ならみんな探してる2年前のモデル！」「チョコブラウンのダンヒル！　珍しい！」と買いまくる飯田さん。結果15足入手し、持参のバッグははち切れんばかり。

私もダンヒルを買おうとしたが「これからの寒い季節、長く履くなら防寒用」と、つま先を覆いつくすＶ－ＣⅢという便サンを推された。装着すると底が肉厚で、フカフカと雲の上をスキップするような歩きやすさだ。

「もう1件ハシゴしましょう」と電車を乗り継ぎ、向かった先は高円寺のオリンピッ

初台の雑貨店。「前から目をつけてた店。『傘と履物』の看板がある、いわゆる靴屋ではなく履物店が狙い目」だそうだ。

便サンで膨れ上がった飯田さんのカバン。「重くないですか？」と聞いたら「ニシベだから重いよ！」とのこと。他メーカーより肉厚だから重いそうだ。

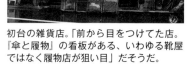

ク。

「スーパーのピアゴかオリンピックには珍しいのが結構ある。オリジナル色を大量生産してるようだね」

狙い通り、メーカーの今期カタログには載ってないデッドストックの便サンを発見。「2足買お」とパンパンのバッグに押し込んでいた。

「便サンとはなにか?」と別れ際に尋ねたら、「便サンは体の一部」と即答。サンダルをペタペタさせ、飯田さんは去っていった。

ベンサン．JP

飯田さん一押しのダンヒルも売っていた。「便サンマニアが最終的に行き着く地、それがダンヒル」とまで言っていた。

34 マンガ喫茶に住民票を移す

客の6割が長期滞在者のマンガ喫茶

日本で唯一〝住民票登録できるマンガ喫茶〟が埼玉県蕨市にある。「CYBER@CAFE」は「住所がなくて転職活動に困っている人がたくさんいるだろう」と住民票登録サービスを4年前から開始した。登録料金は1ヵ月3090円。郵便物受け取り代行も同金額でやってくれる。⑴最低1ヵ月滞在していること、⑵登録後3ヵ月以上滞在予定であること、の2条件を満たせば登録OK。時折住民税を滞納していて、そもそも転出届が受理されないなんてケースもあるそうだ。2014年11月時点で10数名、住民票登録者が住んでいる。

6割の客が長期滞在者ということなので、むさくるしい男子寮のようなスペースを想像していたが、なんてことはない普通のマン喫である。こざっぱり片付いているし、もの静か。ヘンゼルとグレーテルのパン屑がごとく、道々に脱臭剤が置かれ、匂いへの対処も万全だ。唯一違和感があるとすれば、雨でもないのにほとんどのブースに傘が引っかかっている点。この日来たのではない証だろう。CYBER@CAFEは4店舗展開しているが、住民票登録にゴーサ

屋上は物干しスペースになっていて、たくさんの洗濯物が干されていた。

第5章

インが出たのは蕨市だけ。市役所職員もたまに様子を見に来るそうだ。

マン喫の使用料は24時間2472円。この時点でよそのマン喫より格段に安いが、30日以上滞在すれば1日1977円になる。いればいるほど安くなる。6万円ぐらいで1ヵ月住めるなら、並みのマンスリーマンションよりお得じゃないか。冷蔵庫も洗濯機も電子レンジもあるし、シャワーだって浴びれるし。ドリンクバーもあるから、どれだけ喉が渇いても怖くない。

フラットシートで小1時間過ごしてみた。長期滞在者のほとんどは、椅子席よりも眠りやすいフラット席を選ぶという。めいっぱい足を伸ばして余りあるサイズ、ちょうどいい空調の温度、快適なネット回線速度。寝袋1つ持ち込めば、何日いたって不便することはなさそうだ。マンガ喫茶に71泊しつつ、日本一周した私が言うのだから間違いない。ここは長居に向いている。

雨でもないのにほとんどのブースに傘がかかっているのが長期滞在の証。たまにペアブースで長期滞在するカップルもいるそうだ。

CYBER @ CAFE 蕨店

アクセス JR「蕨」駅から徒歩3分
住所 埼玉県蕨市中央1-25-3 並木ビル2F
電話番号 048-433-6998
営業時間 24時間営業
定休日 なし

コラム 4

泊まりやすいマンガ喫茶

2013年、3ヶ月かけて日本一周したが、そのうち、実に71泊、マンガ喫茶に泊まった。参考までに、宿泊数が多かったマン喫ベスト3を発表しよう。

3位。堂々の入賞「自遊空間」(9泊)。なんてったって網羅しているエリアが広い。「困った、マン喫がない。ビジホに泊まるしかないのか」なんてとき、自遊空間はそっとそばに居てくれた。

2位。やっぱりきました「サイバック」(13泊)。シャワーあり、空調快適、アイスクリーム食べ放題。痒いところ全てに手が行き届くマン喫界の千手観音だ。

さあ、いよいよ1位を発表。栄光の1位はみなさんご存知「快活CLUB」(16泊)だ。おめでとうございます。清潔かつゴージャス。バリのリゾート気分に浸れる。心も体も快活になること間違いなし。

みなさんも旅をする際は、ビジネスホテルだ民宿だとしみったれたことを言わず、ぜひマンガ喫茶に泊まっていただきたい。

日本全国のマンガ喫茶会員証がずらり。旅を愛する者のマストアイテムだ。

第6章

神秘に触れる

大都会にひっそり佇む、神秘の世界への入り口

35

3億5000万円で隕石を買う

宇宙ひと筋70年！　宇宙村村長の営業トークは必聴だ！

朝夕、ここに座って隕石に祈りを捧げる。ユリ・ゲラーも30回以上訪れているそうで、曲がったスプーンも祀られていた。

「懐にも隕石を入れてるから温かいんだ！」と見せてくれた。

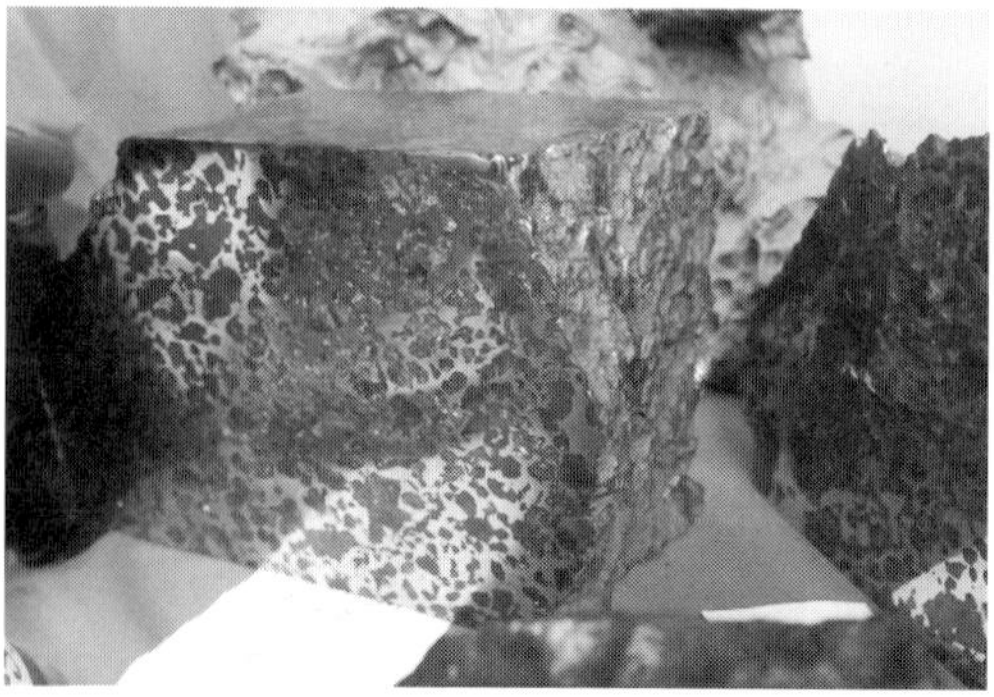

この隕石が3億5000万円。

骨董品と隕石が所狭しと並ぶ「宇宙村」。うかがったのは冬の肌寒い日だったが、店内はやけに暖かい。

「隕石のパワーで暖かくなるんだ、暖房なんて必要ない！　夏は暑すぎるから、クーラーはつける！」と店主の景山八郎さんが教えてくれた。御年77歳。いただいた名刺には「国際宇宙協会会長」とある。宇宙用の名刺もあり、そちらには「宇宙人カゲローカッパ。住所オリオン座」と書かれていた。

「テレビ収録でシールと隕石を買ってから、バナナマンは日本一売れた！」『ためしてガッテン』でも隕石の力が取り上げられた！」と入店するや怒涛の熱弁が始まり、「１００万円の隕石買わなきゃいい取材できないよ」と隕石の購入を勧められる。

　隕石の取り扱いを始めたのは45年ほど前。ちょうど3億円事件の頃に、骨董品の商売で3億円の損害を出したという。その際あえて、さらに借金をして隕石を買った。そこからツキがまわり、数年で借金を完済。みるみる儲かり、数千億円の利益を稼ぎ出して、伊豆の下田に城も買ったそうだ。

「儲かったら買うってのは地球人の考え方。さきに借金してでも買うのが宇宙人の考え方。そうすりゃあとからバンバン儲かるんだ！」と断言する。年に何十万円も隕石を買うヘビーユーザーもいるんだぞと、帳簿を出して確認させてくれた。

　独自の人脈により、世界中から隕石が集まってくる。ＮＡＳＡ職員も見に来たそうだ。なかでもチリの砂漠で見つかったミラックという隕石は、その3分の1が宇宙村にあるという。３億５０００万円で販売もしている。

　お話をしていると「宇宙パワー水」なるコップ1杯の水を出してくれた。体調が改善され、パワーが湧いてくるという。「隕石がもとになって生命ができたんだから当然だろ！」とのこと。特許登録済みだから詳しい製法は言えないそうだ。

　オリジナル商品は宇宙パワー水だけではない。「宇宙パワーシール」という、虹をデザインしたシールもある。小さいものなら１組１００円。大きいものは3万円だ。「宇宙パワーシールは隕石のエネルギールームに長い期間置いて宇宙パワーを入れている」そうだ。宇宙パワーシールには願いを叶える力があるようだが「努力するほど願い事が叶います」と注意書きもされていた。景山さんは、電話にもテレビにも、靴

「宇宙と触れ合えるのは隕石だけだろ。隕石が宇宙と唯一のつながりだ」（景山村長）

隕石で作ったブレスレットと宇宙パワーシールを貼った携帯電話。

隕石をお手頃サイズに砕いたもの。チーズのフタに入っている。

触ってもいい隕石とそうでないものがある。これはお触り自由。むちゃくちゃ重い。

にもベルトにも貼っている。腕には隕石で作ったブレスレットをはめ、全身を宇宙パワーで包み込んでいる。物に貼る場合は「※油、水、ゴミ、その他をよく拭き取ってから貼ってください」、身体に貼る場合は「※かぶれる方は早く取って下着または服のうえから貼ってください」と、宇宙パワーシールの注意書きは意外に懇切丁寧だ。

20代中盤の若いカップルが入店するや「手を出せ！」と隕石を触らせてあげる景山さん。「汚い手をして！　俺は77歳なのに綺麗な手だろ！　隕石パワーだよ！」と彼女の手を叩く。宇宙パワー水を手に塗ってあげ、「目にもかけてやる！」と言ったところで、店の奥から、助手の女性がやってきた。「もー、社長！　女の子はメイクしてるんだから、そういうこと言っちゃダメ！」と諌める。宇宙パワーシールを買いたいというカップルに「なんで１０００円や２０００円の隕石が買えないんだよ！　隕石も買えってんだよ！　バカ！」と景山さん。「バカは余計でしょ、社長！」とまた助手にたしなめられる。漫才のような見事なかけ合いに思わず笑ってしまった。最高のコンビネーションだ。「お釣りは４２００円か。宇宙ではお釣りを四捨五入するから４０００円だな！」と宇宙ジョークで締めくくった。「このガイド本は何部刷るんだ？　なんだ、それっぽちか。金ないんだろ、いいよ、隕石に成功を祈ってやる！」。朝と夕、必ず隕石に「みんなの願いが叶うように」と拝むらしい。なんだかんだで優しいお人だ。

宇宙村は現在、支店を募集中。隕石を卸してくれるよ。

宇宙パワーのおかげで震災のときも店内のものは1つも転倒・落下しなかったそうだ。

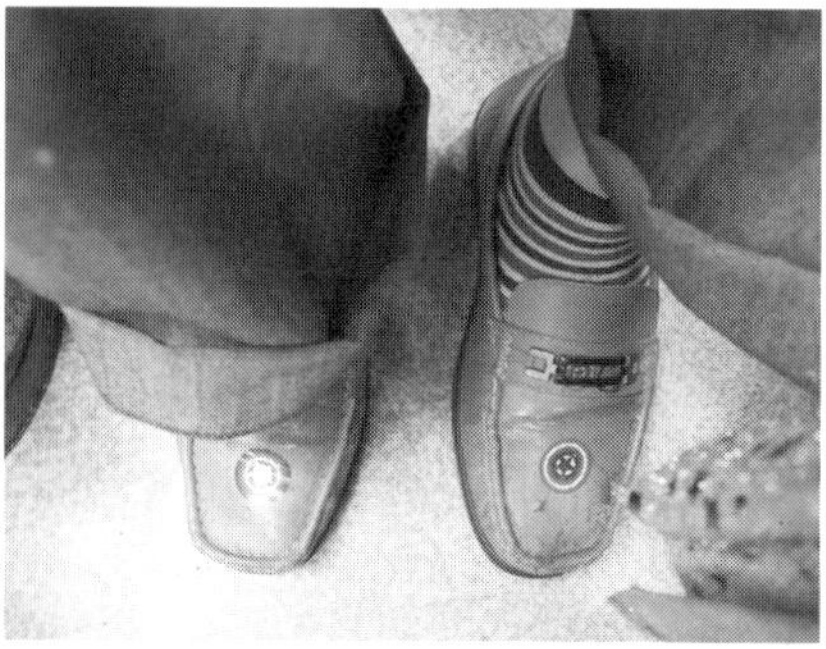

靴にも宇宙パワーシールを貼っている。普通にデザインとしてかわいい。

宇宙村

アクセス　東京メトロ丸ノ内線「新宿御苑前」駅から徒歩５分
住所　新宿区四谷4-28-20
電話番号　03-3341-5239
営業時間　10:00～20:00
定休日　なし

36 住宅街のお化け屋敷に行く

映像のプロが作ったミッションクリア型お化け屋敷

お化け屋敷の「オバケン」は普通の町の中にある。公式サイトにも具体的な場所は明記されておらず「方南町駅2番出たとこで地図を手に入れろ」とアナウンスされているだけ。裏風俗めいた案内メソッドだ。

入手した地図に沿って歩くこと7分。中華飯店や一般住宅が建ち並ぶエリアの、なんでもない白塗りのビルに行列ができている。外人さんもやけに多い。

オバケンを運営するのは方南町に事務所を置く映像制作会社。普段は音楽PVやCMを作っているという。「方南町の町全体を盛り上げたい」という思いから、なにか変わったことができないかなとお化け屋敷を作るに至った。担当社員がホラープランナーとなり、内装も自作している。

「SAWシリーズが大好き！」ということもあり、ただ歩いて終わりのお化け屋敷ではなく、ミッションクリア型。猟奇殺人犯の館から逃げ出す設定で6エリアに分かれ、条件を満たせなければその場でゲームオーバーだ。

第1エリアの手錠の鍵を探し、迷路から抜け出すミッションまでは順調に進んだが、第2エリアが鬼門。舞台は凶器が散乱する血だらけの実験室。中央の柱に両手をつけ、ヘッドフォンから流れる恐怖サウンドを聞き、体を微動だにしないミッションだ。1人で体験したので怖すぎて発狂するかと思ったが、取材者という立場上、必死でクールな表情を作った。第3エリアは実際の車に乗り、前方スクリーンに映る心霊の数を数えるミッション。ここで不正解してゲームオーバー。第4・第5・第6エリアは通過してみてのお楽しみだ。

2015年からはさらに難度をアップしてリニューアルオープンする。

方南町駅の出口に地図が置かれている。すでにアトラクションは始まっている。

血だらけの内装。ホラー好きのスタッフさんが手作りしたマッドな実験室だ。

柱に手をつき、動いてはいけない部屋。1人で体験したから発狂しそうだった。

方南町お化け屋敷オバケン

アクセス　東京メトロ丸ノ内線「方南町」駅から徒歩数分（2番出口に地図あり）
※予約不可、大人800円（1～4人プレイ）。

ホテルでお化けに襲われる宿泊型イベントも開催している。

37 霊園で飲む

元祖・恐怖系コンセプト居酒屋の妖しい世界

昨今、恐怖をテーマにした居酒屋はあちこちにあるが、「赤羽霊園」はその先駆け。23年前から営業しているお化け屋敷居酒屋で、マスターいわく「パクられちまった」とのこと。入り口は二重扉で「興味本位でのぞく方には1000円もらいうけます」との警告文が掲げられている。鍵もしっかりかけ、やけにセキュリティーが行き届いている。予約していたわけでもないのに、入店するなり「待ってたよ」と囁かれた。

こじんまりした店内はむちゃくちゃ薄暗く、居酒屋というよりスナックに近い。有線で『サマーヌード』が流れていて、怖いんだかポップなんだかわからない。カラオケが歌い放題で、入店して5分も経たないうちに「曲名言って」とマイクを渡された。

酒を飲み始めるといきなり、頭上から生首が降ってきた。「ギャーッ！」と叫ぶも、マスターは素知らぬ表情。カウンター奥で紐を引っ張り、操作しているようだ。その後も壁が落ちてきたり、ドクロが落ちてきたり、とにかく天井からありとあらゆるものが落ちに落ちる。常連さんがEXILEを歌っていようが、おかまいなし。ドシーン！　ガラガラガラ！　という音で歌がかき消されても、落とすことをやめない。

マスターはもともとテレクラを経営していたが、風営法改正を機に業種転換。子供と行ったお化け屋敷で「こういう呑み屋やったら面白いかも！」と閃いた。驚きすぎたお婆ちゃんがぶっ倒れたり、貸切イベントで死装束を着ていた女の子が、飲みすぎてそのままの格好で病院に運ばれたりと、ここならではの騒動を乗り越え、今に至る。

別途500円で、妖怪メニューも注文可。「妖怪の干し肉」「釜茹で地獄」などおどろおどろしいメニューが並ぶ中、1つだけ「韓国チヂミ」と普通のメニューがある。

37

もっとガチンコで怖い飲み屋をお求めなら「怪談ライブバースリラーナイト六本木」がおすすめだ。

コミック居酒屋とまるっきり別のコンセプトが入り口に書かれていた。

不気味な人形がカタカタ揺れて、客の入店を知らせる。

カウンターには常連さん。日常的に通う地元民と物見遊山の客が入り混じる不思議な飲み屋だ。

壁中に取りつけられたドクロは自作。新聞をスクラップして固めたとか。これを作るため、3ヵ月だけ新聞をとったそうだ。

ほぼ豆腐の「ぬりかべ」。

マヨネーズと刻みノリに工夫を感じる「ポコチン」。

軒先で吊るされてるお化け。「祭」と書かれたハッピを着てて、怖いんだかめでたいんだかわからない。

なぜこれだけそのままの名称か尋ねたら「自信があるから!」との解答。迷ったら自信のある韓国チヂミを注文しよう。帰り際「やっぱりお化け屋敷がお好きなんですよね?」となんの気なしに尋ねたら、「嫌いだよ。いきなり驚かされるのは嫌」と返ってきた。この答えに一番ビックリした。

赤羽霊園

アクセス　東京メトロ南北線「赤羽岩淵」駅から徒歩2分
住所　北区赤羽1-35-8
電話番号　03-3902-5060
営業時間　19:00〜翌2:00
定休日　日

38

心霊スポットで500枚写真を撮る

都内の有名な心霊スポットを5つ巡り、実際の空気感を肌で感じてきた

都内の有名心霊スポットを5つ巡り、実際の空気を肌で感じてきた。あわよくば心霊が写り込まないかと、写真をパシャパシャと500枚撮ってみたが、その結果やいかに。

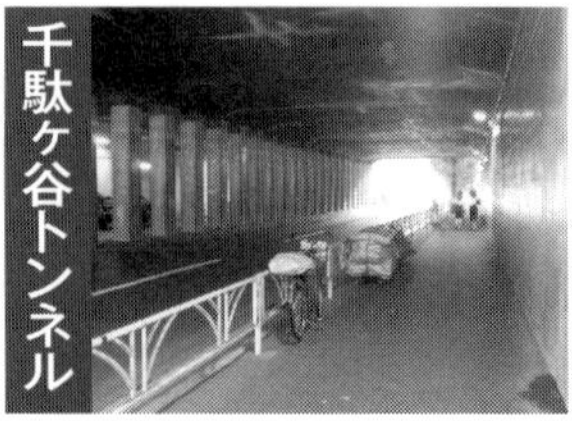

都心で交通量も多い千駄ヶ谷トンネル。

千駄ヶ谷トンネル

アクセス　JR「千駄ヶ谷」駅から徒歩10分
住所　渋谷区千駄ヶ谷2-24

1 千駄ヶ谷トンネル

墓場の真下にあるトンネル。トンネルの上から逆さ立ちの女が出るとされている。どれだけおどろおどろしい場所かと期待したが、交通量の激しい国道沿いで、洗練された町並みの中にある。怖さは皆無。それどころか、業界人然としたカメラマンとモデルが写真撮影を繰り広げていた。

2 お岩稲荷

四谷怪談のお岩さんのモデルである田宮家の娘・お岩が信仰していた、四谷の高級住宅街にあるお社。お岩ゆかりの井戸もある。実際のお岩は怪談とはまるで違う人物像で、家庭を大切にする貞淑な妻だったそう。そのためお岩稲荷には縁結びの験があるんだとか。「ヤブ蚊がいます。ご自由に」と境内にはご丁寧にムヒまで用意されていた。怖いどころかピースなムードだった。

3 将門の首塚

大手町駅を降りて徒歩1分のオフィス街にある。「首塚を取り壊そうとすると怪死が相次ぐ」との伝説が語られ、周辺のオフィスは首塚に尻が向かないよう机を配置しているとか。平日昼間にもかかわらずひっきりなしに参拝客がやってきていた。しっかり手を合わせ、丁寧にホウキで周りを掃くビジネスマンもおり、この界隈で確かな敬意を払われているようだ。怖いというより厳かな雰囲気である。

4 八王子城跡

八王子城跡は「八王子城の戦いで1000名以上の死者が出た」という史実から心霊スポットとして語られる。実際出向くと、山の中にあり、全体を把握しようと思うと1時間ほどのハイキングを覚悟しなければならない。翌日はやたらと体が重かったが、

将門の首塚ではビジネスマンが丁寧に清掃をし、真剣に手を合わせていた。

将門塚（将門の首塚）

アクセス　東京メトロ各線「大手町」駅C5出口からすぐ
住所　千代田区大手町1-2-1

お岩稲荷にある、お岩さん縁の井戸。

四谷於岩稲荷田宮神社（お岩稲荷）

アクセス　JR「千駄ヶ谷」駅から徒歩５分
住所　新宿区左門町17

八王子城跡は山上にある。体が重いと思ったが、心霊ではなく肉体疲労であった。

八王子城跡

アクセス　JR「高尾」駅よりバス、徒歩約15分
住所　八王子市元八王子町3周辺

旧吹上トンネル。中からモウモウと霧が吹き出している。

旧吹上トンネル（吹上隧道）

アクセス　JR「東青梅」駅からタクシーで約20分
住所　青梅市黒沢2成木街道沿い

霊障というより肉体疲労だろう。明かりひとつない山道なので、夜中であれば間違いなく怖そうだ。

5 旧吹上トンネル

青梅市の吹上トンネルの上に位置する廃トンネル。2ちゃんねるの心霊スポットランキングでも高順位を誇る。市街地からそれほど離れていないのに、壁は苔むし、空気が重たい。これまでのスポットとは次元の違う怖さ。トンネル内部は温度がぐっと下がり、入り口からモウモウと白い冷気が吹き出している。夜中であれば、霊と勘違いしても致し方ない。トンネルは思いのほか長い。ボーッという音が反響し、長時間いると現実感が失われる。（さらに上方には「旧旧吹上トンネル」がある。都内最恐の心霊スポットとされるも、現在は鉄板で封鎖され立入禁止。入り口に地蔵が立っている）

【結論】それらしいモノは写らなかったが、旧吹上トンネルの怖さはマジだった。

旧吹上トンネルにしばらくいたら、地元中学生らがやってきた。さすが肝試しのメッカだ。

10月に参加したので運動会モチーフの構成になっていた。開催内容はシーズンごとに変えていく。

39 暗闇を探検する

最も価値観を変えうる5000円の使い道

完全に光を遮断した純度100%の暗闇を探検する「ダイアログ・イン・ザ・ダーク」。所要時間はおよそ90分である。

8名の参加者がロビーで顔を合わせ、最初の薄暗い部屋に入ると、案内役（アテンド）である視覚障害者の「暗闇のエキスパート」に迎えられ、白杖の使い方を習う。鉛筆のように優しく握ると良い。そして明かりが落とされ、互いの呼び名を決める。そこから完全な闇の世界に入っていく。目を開けてもつぶってもまったく同じ。何も見えない。「こっちに集まってくださーい」の声を頼りに恐る恐るヨチヨチ歩き。声を掛け合い、全員集まったことを確認する。真の闇の中では、声を発しなければ存在しないも同然。名前を覚えなければ個人の特定もできない。いつもなら難なく通じる「ちょっとこれ持って」のような漠然とした指示は伝わらない。「これ」がなにか、「誰」に頼んでいるのか、明確にしなければ暗闇では伝わらない。

みんなで輪を作り、音の鳴るボールをキャッチしたり、玉入れをしたりするうちに、ぎこちなかった動作が少しだけスムーズに行えるようになっていく。聴覚や嗅覚を使うことも重要だが、手で誘導したり、会話で状況を教えてあげたり、コミュニケーションをとって互いをサポートすることが最重要だ。人の声がすると安心する。

最後は暗闇のカフェでほっと一息。この頃には「どこになにがあって、誰がいるか」という光景が、視覚以外の情報で、なんとなくイメージが湧く。味覚に集中できるからか、闇の中ですするコーヒーは格別だ。

体験をともにしたOLさんは「普段はまったく感じることのない、人の温かさを感じた」と、平素の生活が心配になる感想を漏らしていた。

いかに視覚だけを頼りに生きているかが、つくづく実感できる。マジで価値観変わる。

案内をしてくれたアテンドの木下さんと。

誕生日の参加者がいてバースデーカードをもらっていた。点字でメッセージが書かれていた。

アテンド木下さんインタビュー

—どういうきっかけでアテンドをやることになったのですか？

今から10年前、アテンドを一般公募しているのを知って、「これはすごい！」と応募したんです。

—なにすごさを感じたんですか？

お客さんを自分1人に任されることに魅力を感じたんです。90分間、8名前後のお客さまを最前線に立ってご案内するような機会はなかなかありませんから。お客さまをいかに楽しませるか、そこにやる気と好奇心を掻き立てられましたね。

—木下さんのアテンド、すごく安心感があったんですが、はじめからうまくできました？

最初は思った通りにはできなかったですね。立ち位置や声の出し方が不十分でお客さまを迷わせてしまうこともありました。注意深くお客さまの動きを観察していくことで、だんだん上達していきました。見えなくても、お客さまのかすかな息遣いや足音などから、全員の居場所を把握できるようになるんです。

—アテンドをしてから日常生活で変わったことはありますか？

町を歩いていて道に迷い、案内していただいたときなど、ダイアログでお客さまをアテンドするとき、こうしてもらうとわかりやすいな、などと考えるようになりました。この仕事についてから素直にサポートを受け入れるようになりましたし、視覚障害者はかわいそうな人ではなく、悩みも楽しいこともあって、同じ人間なんだってことに気づいてほしいと思うようになりました。

ダイアログ・イン・ザ・ダーク 外苑前会場

アクセス　東京メトロ銀座線「外苑前」駅から徒歩８分
住所　渋谷区神宮前2-8-2　レーサムビルB1F
電話番号　03-3479-9683
料金　一般ユニットチケット：大人5000円、学生3500円、小学生2500円。※開催期間のみ開館。電話・ウェブで要予約。

カードを２枚めくり、感じたままのイメージを語る。カウンセリングだと肩肘張らずに話せるぞ。

高田馬場のビル3階に突如鳥居が姿を現す。

神々の森神社

40

神と仏に悩みをぶつける

神主さんとお坊さんに同じ悩みをぶつけてみた。答えはどう違うのか？

● 神々の森神社（高田馬場）

「清々しく落ち着いた気持ちになっていただき、お話をしたい。そういう意図でビルの中に神社を作りました」

「神々の森神社」は、産業カウンセラーの資格を持つ宮司の北澤さんと巫女の神野栖さんが「普通の人がちょっと悩んだときに来たくなる場所」としてオープンした。カードと月の満ち欠けを使った独自のセッションで本音を引き出し、助言を与える。お茶を飲むだけのカフェ利用もできる。

「カウンセリングというとハードルが高いでしょう。切羽詰まった状況にならないと動きませんので。ほんのちょっと悩んだとき、気軽に来てほしいんです」

セッションでは、小川や大木の写真を見て、浮かんだイメージをそのまま語る。イメージは自分の心を反映し、見る人や見るタイミングで受け取り方がまるで異なるそうだ。「占いというわけではなく、自分の心と向き合うきっかけですね」とおっしゃっていた。

● 坊主バー（中野）

「ここは悩みの排泄をする場。心の公衆便所です」

浄土真宗の僧侶であり、マスターの釈源光さんはおっしゃる。

大手ゼネコンで20年間働くも、バブル崩壊を機に退社。「環状線に飛び込むか、仏門に飛び込むか」と叩きつけられた選択に、仏門を選んだ。

「仏教の教えでお客さんの悩みを解消してあげたい。それがあるべき姿。そのために坊主バーという方便を借りています」

仏教界からは1円も貰わず、天上天下唯我独尊で運営しているそうだ。

オープンして10年。中野ブロードウェイ

同じ宗派の「坊主バー」は四谷三丁目にもある。

経本のようなお品書きには「極楽浄土」「阿修羅」などのオリジナルカクテルが。

『美坊主図鑑』『聖おにいさん』などの仏教関連書籍も。

坊主バー

の近くという場所柄もあってか、学生や20代の客が多い。「悩みを解消するのが本質であって、アウトプットの方法は問いません。必要であれば下ネタもまぶす」と言う通り、「助平坊主」という白くてトロッとしたオリジナルカクテルもあった。

松澤から、神主さんとお坊さんへお悩み相談

——おおむね楽しく過ごしているけど、時折、観光ガイドを書くこの仕事に意味はあるのかと疑問が浮かぶ。

神々の森神社・北澤宮司の回答：

なにかに依存していた状態から自立を目指していたのが、今までのあなたです。ここから先は、自己本位から他者奉仕に切り替えるステップに移ります。〝自分がどうなりたいか〟から〝他者のためになにを達成したいか〟へ、考えを改めれば、悩みは解消されるでしょう。

坊主バー・釈マスターの回答：

仏教を用いるまでもない。あなたは、自分の仕事が誰かの役に立っているのかと不安なのでしょう？ 仕事は、誰かの役に立っていなければ成立しません。つまり、仕事として成立している時点で、誰かの役に立ち、意義があることなのです。ただし、その仕事が悪事・犯罪であるならば、仏教の出番となりますが。

神々の森神社
アクセス 各線「高田馬場」駅から徒歩３分
住所 新宿区高田馬場4-13-12 伊豆栄ビル3F
電話番号 070-6469-7242
営業時間 18:00～22:00（火・木・土）
※上記時間帯以外は、電話・ウェブから要予約。

坊主バー　中野店
アクセス 各線「中野」駅から徒歩５分
住所 中野区中野5-55-6 ワールド会館２Ｆ
電話番号 03-3385-5530
営業時間 19:00～翌2:30
定休日 日・祝・毎月第１、３月曜

コラム 5

都市伝説を検証する
青山霊園に〝!〟マークの交通標識はあるのか?

みなさんは〝!〟のマークの交通標識にまつわる都市伝説をご存知だろうか。

〝!〟マーク標識の設置基準は「その他の危険」とされていて、〝!〟の下に「路肩弱し」などの白いプレートをつけ、どんな危険があるかを示す。しかし、全国に数ヵ所、白いプレートのついていない〝!〟標識があるそうだ。一見、何に注意すればいいかわからないが、実は「幽霊注意」を呼びかけているという。公の機関が霊を認めるわけにはいかないため〝!〟標識だけで注意を促しているとか。

中でも、青山霊園にあるという都市伝説は有名なのだが、ネット上をいくら検索しても具体的な場所や実物の写真が出てこない。

それでも「霊園すぐ裏の路地にあるらしい」という情報は散見されるので、霊園の周囲をしらみ潰しにグルっとまわってみる。おどろおどろしい雰囲気かと思いきや、おシャレでハイセンスな事務所だらけ。道行く人々も、パンケーキとフルーツグラノーラが主食で、石鹸はラッシュです、みたいな女性ばかり。ふと、角にあるワインバーに目をやると美川憲一プロデュース。どうりでこの界隈、霊が出そうもないわけだ。美川が幅をきかせていれば、下級霊なぞ太刀打ちできない。

路地を隅々まで確認しても見当たらないので、園内もチェック。夜は人通りのない園内も、昼間はお墓参りをする人や散歩をする人がちらほらいて爽やかムード。〝!〟マーク標識は見なかったが、ゴミ箱に入っている卒塔婆は見かけた。

おばあちゃんや郵便配達員など古くからこのあたりを知っていそうな人に聞き込みをするも、誰もそんなものは見たことないという。あまりしつこく聞いてまわると「なんだ、この不気味な男」と私自身が都市伝説化してしまいそうだ。

ネットが普及するはるか昔にはあったのかもしれないが、少なくとも今は撤去されてしまったようだ。

【結論】青山霊園に〝!〟マークの標識はない

第7章

すごい体験

次の休日はここへ行こう

41

ヨガで空を飛ぶ

魔法の布で体の歪みをなおす

すべすべした手触りの布。柔道でならした巨体の担当編集もやすやす浮いていた。

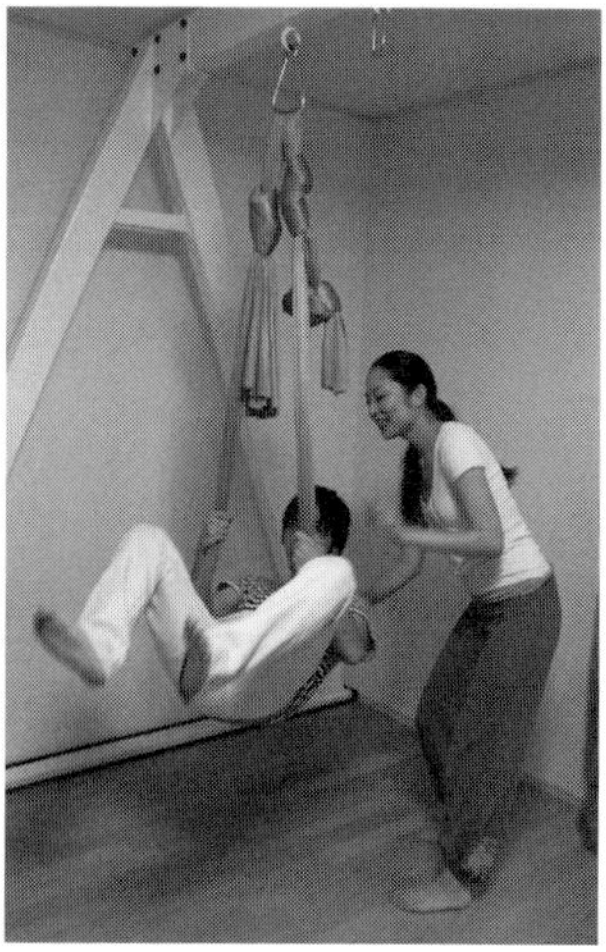

１回３名までだから、つきっきりで指導してくれる。優しい空気の谷口先生だが、旦那さんよりも強くなりすぎて合気道を辞めたことも。

ストⅡにハマっていた小学生の頃、ヨガさえ習えば、腕が伸びるし炎は吐けるし空も飛べて、テレポーテーションまで可能と思っていた。齢30を超え、あれはゲームの演出だったのではと疑問が生じてきたところに、「飛べるヨガがあるらしい」との知らせが舞い込んできた。

目黒線奥沢駅の閑静な住宅街。看板もなにも出ていない普通の家で、空飛ぶヨガを習得できる。講師は14年前からヨガを始めた谷口さん。自宅2階を教室にしているので、受講は女性限定だ。残念ながら男は飛べない。地を這って生きよう。(私は男の中の男だが、特別に許可を取って取材させていただいた)

エアリアルヨガという布を使ったヨガで、ブロックなどの補助具を使う流派の進化系なんだとか。鉄骨から吊り下げられた布に包まれ、「肩の力をす～っと抜いて～」「リラックスして息を吐きましょ～」と囁かれるアドバイスに身を委ねていたら、いつの間にか、空を飛んでいた。ダルシムでも尊師でもない私が空を飛べるなんて感激だ。縦横無尽に宙を舞いながら、重力で歪みをなおす。頭の中ではピーターパンをイメージしていたのだが、後ほど写真で確認すると、宇宙人に吸い上げられるぶざまな犠牲者といったポージングであった。同じポーズでも先生が演じると格好いいのだ

布はシルク・ドゥ・ソレイユなどでも使われているもの。1000kgの強度がある。

当然ながら同じポーズでも先生とはまるでキレが違う。

広げて包み込むこともできる。ハンモックみたいに体を伸ばして寝ることも可能。

エアリアルヨガならではの宙吊りポーズ。このまま着水すれば犬神家の一族となる。

頭の中では華麗なポージングをしているつもりなのだが、現実はこう。宇宙船に吸い上げられる地球人といったところ。

が。

谷口先生は、ポーズの形や立ち姿で、その人の体の歪みを見抜く。床に仰向けになり、腰をひねっていると「ここ痛くないですか？」とお尻を押された。ほんの軽く押されただけなのに激痛が走った。「ゲゴッ！」と蛙の断末魔みたいな声を出してしまった。この弱点把握力、モンハンで活かしたらさぞかし重宝されるだろうが、今のところ生徒さんの体質改善に全力を注いでいらっしゃる。

90分の講習を受け、心地良い疲労感。体が芯から温かい。翌日はここ数年で最も頭が冴えた状態であった。レッスンは初回5000円、2回目以降は4000円。

エアリアルヨガ・ジャパン

アクセス　東急目黒線「奥沢」駅から徒歩3分

住所　非公開

※予約、問い合わせは公式HP www.aerialyoga.jpのフォームから。

店長兼現役マンガ家の深谷さんがネームのレクチャーをしてくれる。創作一般に使えそうな理屈ばかりだ。

42 マンガ家になる

マンガを“描ける”喫茶

高円寺の「漫画空間」はマンガ喫茶だ。ただし、読むだけのマンガ喫茶ではない。描けるマンガ喫茶なのだ。店長はキャリア20年の現役漫画家・深谷陽さん。「家だと好きなものがあるし、横にもなれちゃう。ここなら描くしかない。喫茶店やファミレスでもいいけど、場所によっては長居しづらいんですよ」と、開店の経緯を教えてくれた。テーブルはマンガが描きやすいようにやや大きめ。イヤホンをつけて1人の世界に入ってもいいし、交流したければ他の客に話しかけてもいい。プロの漫画家もしばしばやって来るそうだ。

　店長自らが教えるマンガ講座も開いている。「主に演出方法を教えています。ストーリーは自分で頑張るしかないけど、演出意図が伝わる描き方はある程度、理屈で説明できるので」と店長。

　初級のネーム講座を2時間ばかり受けてみた。4つの固定されたセリフを使い、2ページマンガを描くというもの。「スピーディーな展開なら細かくコマを割ろう」「場面転換の際は風景のコマを1つ差し込もう」「セリフでなく、キャラの表情で感情を読み解かせよう」などと演出の基礎を習う。きわめて論理的な説明に、知的好奇心が昂ぶりまくり。マンガの読み方も変わってしまいそうだ。勉強になる。

　では、実際に私が描いたものと先生の論評を見ていただこう。

＊＊＊

「好きだ」「…」「…」「ごめんなさい」の4つのセリフが固定。所要時間は1時間だ。

「荒野にある【好き】【だ】の扉。【好き】の中で彼氏が待っているが、好奇心に負け【だ】の扉を開ける女。そこにいたのはかわいい動物。彼氏を捨て、ともに旅立つ」というストーリーを描いたつもり。1時間備え付けの「リレーマンガノート」には島本和彦さんの描き込みも。恐ろしく豪華。

私の描いたもの。考えすぎて訳がわからなくなってしまった。

練りに練って、苦心惨憺描き上げて、この程度である。

　この2ページマンガへの深谷店長の論評。

「シュールならシュールなりに理詰めでわかるように」

「どこを不思議に思えばいいのか整理しよう」

「好きの中に彼氏がいるとわかるように」

「細かい話だけど、洋服の後ろはバッテンの方が肩から落ちにくい。記号としての服ではなくリアルなコーディネートとしての服」

「走っている先に集中線を向ける」

「表情を入れて、彼女にとってこの選択が当たりか否かわからせる」

「扉を開けた際、ドアと彼女の影を書いてドラマチックに」

「握り合った手の先にドアを描く。彼が虚しく待っている余韻をつける」

　これでもかというほど徹底的に指導された。

修正してもらった作品がこちら。もうね、まるっきり違う作品。画力、表現力でこんだけ変わるなら、そりゃ、大場つぐみ、原作にまわりますわ。

パソコンを使って描く人にも対応している。

1つ1つのテーブルは普通のカフェより大きい。

漫画空間 高円寺店

アクセス JR「高円寺」駅から徒歩すぐ
住所 杉並区高円寺北2-6-1 湘和ビル2F
電話番号 03-5327-8167
営業時間 11:00～23:00
定休日 なし

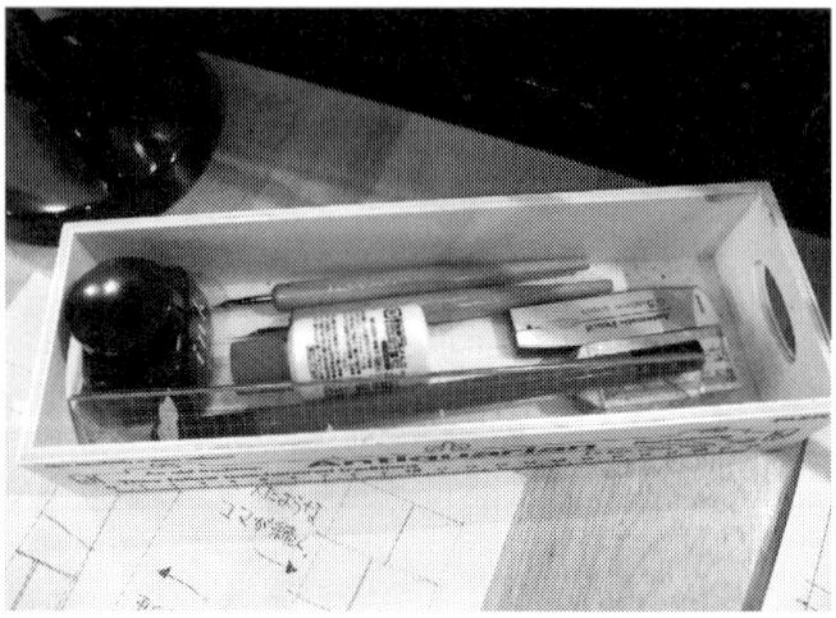

ペンや墨はたくさん用意してあるので、手ぶらでも大丈夫。

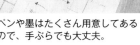

43 マンガを朗読してもらう

全力の路上ライブ、台本はマンガ

漫読家の朝は早い。大きなキャリーケースを引きずって、朝9時に井の頭公園に到着すると、ビニールシートに漫画を並べる。古本の行商人のようだが、本自体が売り物ではない。客が指定したマンガを、芝居っ気たっぷりに朗読するのが仕事だ。「マンガ家かフォークシンガーになりたかったんですが、いつしか漫画を朗読してました。2つの好きなことが合わさったんですかね」と東方力丸さん。漫読家を始めて10数年。駆け出しの頃は、茅ケ崎の海で練習をした。

漫読を行うのは週末。

「平日は体力調整と練習。ボイトレも受けてます」

生活すべてが漫読に注がれている。

人気は『北斗の拳』や『ドラゴンボール』など決めゼリフのある激しい作品。男性からは『ふたりエッチ』も支持を集める。

「難しいのは女の子が沢山出てくるやつ。女の声色が使い分けられないので。特に難しいのは『ちびまる子ちゃん』。『北斗の拳』とかは勢いで乗りきれるけど、学校の中の出来事だからそうもいかない」

土日祝日の10時半〜18時頃、井の頭公園で活動。土曜の20時〜25時頃は下北沢駅前でも。

『ブラックジャックによろしく』を熱演する東方力丸さん。「俺はしつこいぞぉぉ」の絶叫が公園に響きわたる。

オススメを尋ね、1冊実演してもらった。最近のイチオシは、絵本の『ぐりとぐら』。2匹の野ネズミが森で見つけた卵でカステラを作るというほんわかストーリー。だが、漫読家の手にかかればアクション満載のミュージカルに姿を変える。

冒頭から、耳をつんざく大音声で「オーイエー!!」と歌い出した。満面の笑みを浮かべ、絵本を上下に揺らす。卵を割るシーンでは、椅子をボコボコぶっ叩く。道行く子供たちが唖然とした表情で足を止めていた。

読み終わったら「終わりです。ありがとうございました」と行儀よく一礼。先ほどまでの荒々しさとは対照的だ。1冊15分程度で、おひねり制。「海外でもやってみたい。いきなり路上でやるのは怖いから、現地のフリマで始めようかな」とインターナショナルな展望を語る。

井の頭公園で18時頃まで行い、下北沢駅前へ移動。そこで深夜1時頃まで続ける。家に帰る暇もなく、土曜はマンガ喫茶で仮眠する。寝ても覚めてもマンガ漬けの週末だ。

44

指人形のショートコントで笑う

「おじいちゃんが一番味のある表情するるんですよ」

座頭市の頃のビートたけし。今にもタップダンスを踊り出しそう。

小泉元首相の指人形。髪型とか目元とか似すぎ。

指人形専門店の「笑吉」は、谷中銀座すぐ近くという立地もあってか、散歩番組に片っ端から出演している。トラバサミでも仕掛けておけば、ホンジャマカ石塚、ミスターちんあたりのロケタレントホイホイとして機能しそうだ。店内には100体を超える指人形が飾られている。芸能人や首相をモデルにしたものもあるが、なぜか過半数がつるっぱげのじいちゃんの人形。

「おじいちゃんが一番味のある表情するるんですよ。こういうおじいちゃんになりたいって願望もありますね」と店長の露木さんが理由を語ってくれた。30年間子供のお絵描き教室をしていたが、教室の工作で指人形を作り出したらハマってしまい、いつしか本業になったとか。4万円からオーダーメイドも受けつけているが数ヵ月待ちの状態。写真数枚で本人そっくりに作れるから、プレゼント用にと注文が殺到している谷中を散歩していると、あちこちの店で笑吉さんの指人形を見かける。

制作途中の指人形。

1000円で似顔絵も描いてくれる。指人形にペンを握らせている。

人形作家で店長の露木さんと記念撮影。指人形が一番いい笑顔をしている。

所要時間15分。指１本で描き上げたとは思えぬそっくりぶりだ。

指人形 笑吉
アクセス　千代田線「千駄木駅」から徒歩2分
住所　台東区谷中3-2-6
電話番号　03-3821-1837
営業時間　10:00～18:00
定休日　月・火（祝日は営業）

おじいちゃんの柔和な笑顔とは異なり、赤ちゃんは憎らしいぐらいのドヤ顔。

そうだ。

笑吉は人形を眺めるだけのショールームではない。世にも珍しい指人形のショートコントを演じてくれるのだ。1人500円で3人以上の申し出が条件だが、土日ならば客足が絶えないから、間違いなく見られるぞ。コント10本で上演時間は約30分だ。

演目は「酔っぱらい」「ウォーターボーイズ」「50年後の冬のソナタ」など、いかにも楽しげなものばかり。2体の指人形を使い、チャップリン映画みたいな無声のクラシックコメディーを演じてくれる。ハゲ頭をぶっ叩かれまくるバイオレンスなシーンも見ものである。構成はベタだが、指人形で見ると新鮮だ。オチをつけたコント以外に曲芸的な演目もある。棒を頭に乗せクルクル回したり、小さなけん玉をやったりと、達人技を見せてくれる。

終演後、両手に指人形をはめてみたが、左右で別々の動きをするのは至難の業。2体ともまったく同じ動きをしてしまう。使徒にユニゾンアタックするシンジとアスカなら、私でも演じられるかもしれない。

45

星空が見えないからプラネタリウムへ行く

東京に空がないというが、最高のプラネタリウムはある

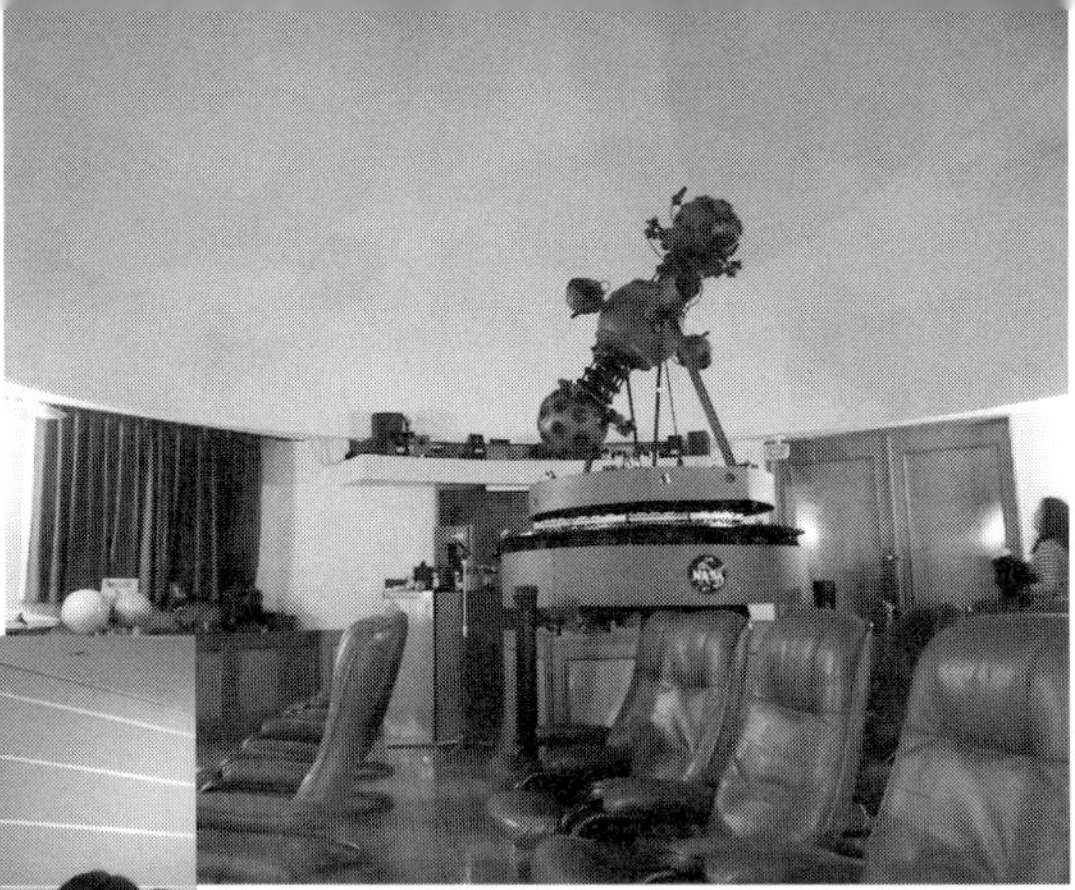

25席の大きな椅子に床暖房。快適性を追求したプラネタリウムなので極楽気分だ。マジで昇天しちゃってもお寺だから安心！

虎のリュックを抱える、ご住職の春日さん。毎月違うプログラムを組み、個人で運営しているのは全国でもここだけだ。

プラネタリウムはデートスポットの王道だが、とにもかくにも眠ってしまう。暗闇と星空の組み合わせは、クロロホルムとハンカチに匹敵するほど眠気を誘う。そこで、まるっきり眠くならない最強面白プラネタリウムを2つご紹介したい。

● プラネタリアーム銀河座

「プラネタリアーム銀河座」は日本で唯一のお寺の中にあるプラネタウリム。一般上映は月2回だけ、抽選倍率10倍超とプレミアムチケット化している。

ご住職は5歳の頃から天文好き。既存のプラネタリウムでは物足りず、自分で作ってしまおうと、檀家の説得に3年かけたとか。その執念たるやすさまじい。

女性解説員をゲストに招き、ご住職とコンビで解説をするのだが、かけ合いはまるでコント。部屋が暗くなる前に注意事項を話すご住職、「虎みたいなイビキをかくのはご勘弁ください」とリアルな虎のリュックを背負ってきた。解説員が「ギリシャの学者プトレマイオスが星座を定めました」と言うと、ご住職は「会ったことありますか？」と質問。「ないですね」と流され、進行する。星空を映して「うーん、投影機が邪魔ですね」とつぶやくご住職には「あれがないと映せません！」と根本的なツッコミがかまされる。

投影途中、いきなりパワーポイントのスライドで、猫についてのプレゼンが始まった。「ネギを与えると中毒になるから気をつけて」と熱弁をふるう。先の読めない60分に、眠気の起こる余地はない。

● 葛飾区郷土と天文の博物館

このプラネタリウムに癒しはなく、「宇宙やべー！」という高揚感がある。眠くな

プラネタリウムは結構当たり外れがあるけど、この2館はマジでオススメ！

DJブースではない。プラネタリウムの操作盤である。海外のユーザーとも交流し、使い方の研究をしているそうだ。

葛飾区郷土と天文の博物館

アクセス　京成本線「お花茶屋」駅より徒歩８分
住所　葛飾区白鳥3-25-1
電話番号　03-3838-1101
営業時間　9:00～17:00（火～木・日・祝）、9:00～21:00（金・土）
定休日　月、第2･4火曜、年末年始
入館料　大人100円、小中学生50円（プラネタリウム観覧料は大人350円、小中学生100円）

壁にへばりついてるのは、スペースシャトルの後続機X33。NASAの許可もとってあるそうだ。

狛犬が恐竜である。

プラネタリアーム銀河座

アクセス　京成本線「立石」駅より徒歩５分
住所　葛飾区立石7-11-30
證願寺（しょうがんじ）内
電話番号　03-3696-1170
営業時間　第1・3土曜の15:00～16:00
※ウェブフォームより完全予約制。

るどころか、むしろギンギンにいきりたつぞ。

　上映するのはすべてオリジナル番組。人工衛星のCGまで作っちゃう。専門家に選んでもらったBGMを0・1秒単位で分析。どのタイミングでどう天体を動かすかまで考え抜くというのだから、もはや映画制作の範疇だ。

　内容はきわめて大人向け。「大人を夢中にすれば、子供に宇宙の魅力を語ります」と学芸員の新井さん。「主役は宇宙と星。キャラクターや物語には頼りません」と言う通り、星が誕生して消滅する仕組み、ビッグバンから生命誕生の流れなど小難しそうなことをわかりやすく解説してくれる。

　開演前に「宇宙はあいにく圏外なので携帯の電源はお切りください」のアナウンスが流れ、場内が暗くなると、銀河系の外に飛び出したり、惑星の表面に舞い降りたり、宇宙をぐるぐる行き来しつつ、学術的な話をしてくれるのだ。天文愛に満ちていて、知的好奇心くすぐられまくり。

　リピーター率7割という数値が、大人を虜にしている証だろう。

ケージの中でインコたちが戯れている。

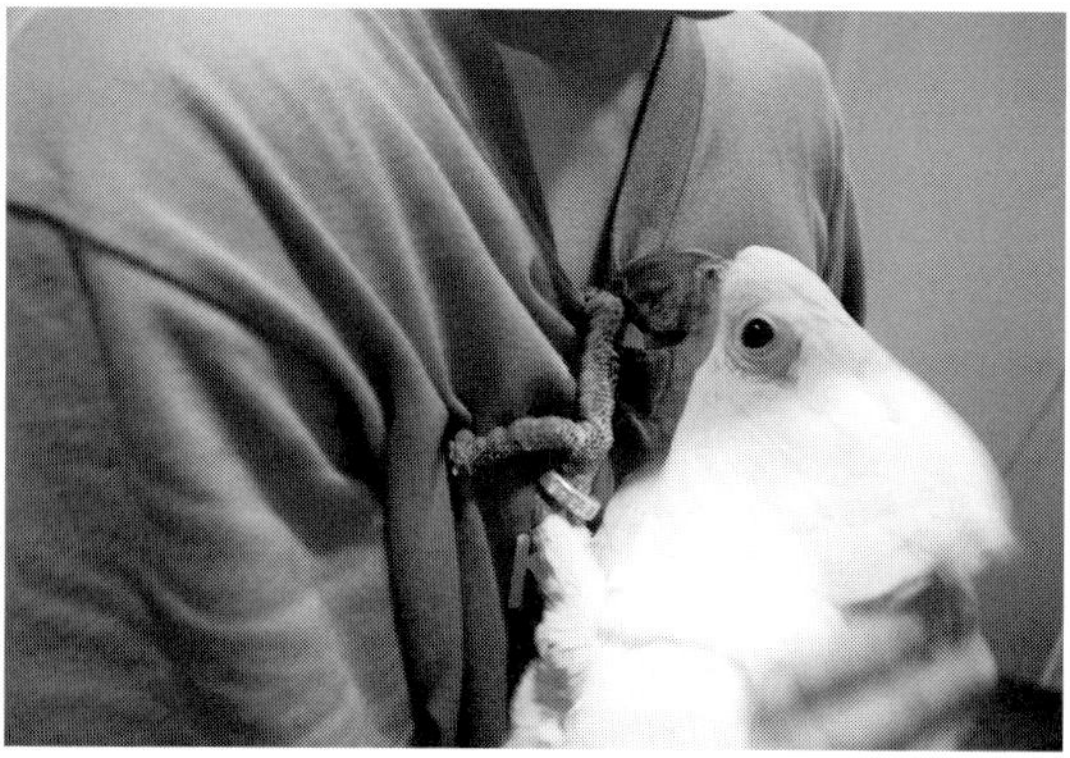

もふもふさせてもらったタイハクオウム。平均寿命40～50年とかなり長寿だ。

46

オウムとふれあう

小鳥だらけのカフェで、でっかいオウムをもふもふしてみた

猫カフェを筆頭に、動物とふれあえるカフェが増えている。ふくろうカフェは最近あちこちで見かけるし、変わり種でいえば爬虫類カフェや鷹匠カフェなんてのもあるが、小鳥にフィーチャーした店はありそうでなかった。

2014年2月に表参道にオープンした「ことりカフェ」は、オウムやインコがいるカフェだ。代表の川部さんは根っからのインコ好き。家でもインコを2羽飼っていたが、それだけでは飽き足らず、ペットショップに足を運び、飼っている個体との色の違いなどを眺めては楽しんでいたとか。「小鳥を眺められるカフェがあったらいいな」との思いから、脱サラをして開店。その後、吉祥寺などにも支店をオープンした。確かなインコ需要があるようだ。

壁には鳥のイラストが飾られ、本棚には鳥に関する本がぎっしり。コーヒーカップ

小鳥たちはおおむね生後2～3年で反抗期を迎えるそうだ。

鳥の顔面をモチーフにしたチーズケーキ。スイーツはシーズンごとに変わる。

スイーツは鳥かごで運ばれてくる。

オカメインコを手なずける著者。

ことりカフェ OMOTESANDO

アクセス　各線「表参道」駅から徒歩10分
住所　港区南青山6-3-7
電話番号　03-6427-5115
営業時間　11:00～19:00
定休日　第3月曜日

も鳥柄、ケーキも鳥の顔の形で、鳥かごに入れて運ばれてくる。物販コーナーでは、ぬいぐるみやアクセサリーなどの鳥グッズも販売している。全方位、鳥、鳥、鳥のヒッチコックも真っ青な鳥まみれのお店なのだ。

かわいい内装にかわいい小鳥がいるとあって、やはり客層は女性同士やカップルがメイン。ケージの中の小鳥たちを眺めては「ふふふふふ」と互いに無言の笑顔を交わしている。なんともピースフルな空間だ。中には週3回以上やってきて写真を撮りまくる常連さんもいるそうだ。

小鳥とふれあう「もふもふ体験」は5分で500円。ほっぺたに赤みがさしているオカメインコや、白くて喋るタイハクオウムなどを思う存分もふもふできる。不特定多数の人間に触られても大丈夫なようにトレーニングをしているそうだ。タイハクオウムを触らせてもらったが、やたらデカいわ、目がマジだわで、前世はバーサーカーであろうと確信した。やさしい甘噛みだから、パクッとされても痛くはないのでご安心を。

47 駄菓子屋ゲームをクリアする

懐かしの筐体で子供の頃のリベンジを

駄菓子屋ゲームをご存知だろうか。新幹線ゲームや国盗り合戦の名前を出せば「ああ、10円でやるアレか」とわかってもらえることだろう。「駄菓子屋ゲーム博物館」にはそんな懐かしのゲームたちが50台もあって、実際にプレイできるのだ。

館長・岸さんは生粋の駄菓子屋ゲームコレクター。10歳のとき、近所の米屋で横倒しになっていた筐体を交渉の末譲り受けたのを皮切りに、収集を始める。家にもあと50台あって少しずつ展示替えをしているが、1台1台が大きくて生活空間が侵食されているそうだ。古い物なので通電しているだけでも故障してしまい、休日は修理修理の日々だとか。

「ゲーセンでさえ苦戦してるのに、1回10円の駄菓子屋ゲームで稼ぎを出せるのか。維持できるのか」がオープン前の懸念事項だったが、ゲーム機を映画撮影にレンタルしたり、コレクターのゲームを修理したりで、なんとかなっている。オープン直後にマニア筋は来館し尽くして、ここ最近は家族やカップルが多い。

「ジャンケンポン、フィーバー!」のかけ声でおなじみ、ジャンケンマンで久々に遊んでみる。勝てばヤッピー、負ければズコーと言うんだけど、「こいつイカサマして

200円で入場券を買う。入場券の販売機は昔の両替機を改造したもので、ハンドルを回すとメダルが出てくる。

10円玉を弾いて博多まで運ぶ「新幹線ゲーム」、姫路越えが難しいんだよなあ。

右が新幹線ゲーム。コレクタービギナーはやはり国盗り合戦、新幹線ゲームを欲しがるという。中級者からはトレードという秘技を用いるそうだ。

10歳で貰い受けたゲーム。こんなデカいのを自転車に乗せて帰ったのだから、すごい熱意だ。

店頭にギザ10のガチャガチャもある。100円で10円を買うという不思議な経済行為。

ないか？　あらかじめ結果知ってないか？」と疑いたくなるほどカブセ気味のズコーは健在だ。　1時間たっぷり遊んでも、使ったお金は400円。小学生時代なら震え上がるほどの散財だが、大人の資本力にかかれば微々たるもの。しかも、当たり券は点数に応じて駄菓子と交換可能だ。

「情報収集が命なので、旅系のサイトは必ずチェックします。写真に駄菓子屋ゲームが写り込んでないか探すんです。現在、とある離島に2台、国盗り合戦があるのを把握しています」とおっしゃる岸さん。博物館のコレクションは、これからも充実し続けそうだ。

駄菓子屋ゲーム博物館

アクセス　都営三田線「板橋本町」駅から徒歩6分
住所　板橋区宮本町17-8
営業時間　14:00〜19:00（平日）、10:00〜19:00（土日祝）
定休日　火・水（祝日の場合は営業）
入場料　200円（ゲームメダル10枚つき）

48 女芸人と呑む

「ツッコミはサービスです！」

「初期のＡＫＢみたく女芸人に直接会えるパブ。ただし、デブとブスと処女ばっかりだけど」

代表を務める牙一族の兄者さんが、笑いながら紹介してくれたのが女芸人パブ「中野コメディエンヌ」だ。「芸事に携わっている子が働きやすい店を作りたかった。勤務はシフト制だけど芸事優先。急なライブで遅刻、キャンセルしてもペナルティはない」。

頭につけてた光る棒が床に落ちて大破。途方にくれるプリンセス愛華さん。

40名以上の女芸人が在籍し、色恋抜きの面白トークで客を楽しませる。2軒目にハシゴしてくる客が多いのは「酔ってないとビジュアルがキツすぎるからじゃないですか？」と、女芸人さんたちの自己分析は冷静だ。

芸歴6年のじゅんこBAN！BAN！さんは「日々、ツッコミの勉強になります。お客さんは基本ボケ。私たちは聞き手に回ってツッコむ。ツッコミはサービスです」と言う。ここでコンビを結成したり、所属事務所が決まる芸人さんもいるそうだ。

取材の間隙を縫って、フリー芸人のプリンセス愛華さんは「私はリーナ語を喋ります」「アイカリーナ星と常に交信してるのです」「アイカリーナ星から羽のついたハートの馬車で来ました」「1時間で来ました」「馬車は地球人には見えません」とおのれの設定を滔々と語っていた。そのたび、他の芸人さんから総ツッコミを受けていた。愛華さんの働いて良かったことは「普通のキャバで働いてたこともあるけど、そのときより、君が一番かわいいよって言われやすい」とのこと。

パブとはいっても、カップルや女性の一人客も結構多いそうだ。

個性の強さが持ち味なので「こうしなさい」と接客スタイルを縛ることはないそうだ。

ネタ見せタイムで綾戸智恵のモノマネを披露するじゅんこBAN！BAN！さん。

23時頃からは芸人さんのネタ見せタイム。先ほどのじゅんこBAN！BAN！さんは綾戸智恵のモノマネを披露した。テネシーワルツを歌いながら「まいど！」「どや！」と叫ぶ。モノマネ番組で受賞歴があるとあって、声のかすれ具合なんかそっくりだ。キンタローも在籍していたことがあり「ライブに来てくれたら、あなたのために腕立て伏せします」と宣言し、ライブチケットを売りまくっていたそうだ。

「当初の構想通りですか？」と代表に尋ねたら、「キレイな子が集まらなかったこと以外は」と達観した表情を浮かべていた。

中野コメディエンヌ
アクセス　各線「中野」駅から徒歩８分
住所　中野区中央4-26-10
東豊マンションB1F
電話番号　03-3380-0282
営業時間　20:00～ラスト（火～土）、21:00～ラスト（日）
定休日　月
※基本料金はウィスキーと焼酎が90分飲み放題で男性4,980円、女性2,480円。

49 変わった公園で遊ぶ

子供と楽しめる珍公園

タイヤロボットが団地への敵襲を防いでいる。

蒲田にある西六郷公園は通称「タイヤ公園」と呼ばれている。それもそのはず、この公園、タイヤまみれなのだ。地面には足の踏み場もないぐらい、大小さまざまなタイヤが転がっている。ブランコもタイヤ、ジャングルジムもタイヤ、ベンチもタイヤ、柵もタイヤ。ほとんどすべての遊具と備品が、タイヤで作られている。タイヤの総数はなんと3000本。中でも目を引くのが、公園中央にそびえたつタイヤのゴジラ。全長8mを超える巨大オブジェで、子供たちは夏場のセミかってぐらいガシッとしがみつき、興奮して叫び声を上げていた。入場無料の公園なのにクオリティーが高すぎる。ブリヂストン社員が家族サービスでうっかり来てしまったら、仕事気分がまったく抜けないことだろう。

園内には「タイヤを投げないで」という注意書きが立っていた。くにおくんシリーズでもタイヤは定番の武器。バリバリのツッパリでさえ吹き飛ぶ威力なので、投げないようにしよう。

園内を清掃していたおじさんいわく「土日は1日600人くらい押しかけるよ。遠飛鳥山公園には日本一短いモノレール「アスカルゴ」もある。

飛んできたクツははるか手前で落ちた。目標にしていただきありがとうございます。

ジャングルジムはタイヤを重ねたもの。

水飲み場の台もタイヤ。

当然ながらブランコもタイヤだ。

昭和の頃は大仰にも「リトルディズニー」と呼ばれていた。滑り台がシンデレラ城だ。

これは蒸気船マークトウェイン号とウエスタンリバー鉄道だろうか。

飛鳥山公園

アクセス　ＪＲ「王子」駅から徒歩３分

住所　北区王子1-1-3

西六郷公園（タイヤ公園）

アクセス　JR「蒲田」駅から徒歩15分

住所　大田区西六郷1-6-1

方からも親子連れがたくさん来るね」とのこと。「タイヤを転がしたり、タイヤの中に隠れたり、遊び方は自由だね」とおっしゃっていた。子供たちの自由な想像力が育てられそうだ。

　タイヤ恐竜をでけえでけえと撮っていたら、奥のタイヤブランコから小学生の会話が聞こえた。「あの人に靴を当てたほうが勝ちな！」と。今、この公園であの人に該当する人間は私しかいない。子供たちの自由な想像力にかかれば、私もゲームの目標物と化すようだ。

50 ミニチュアの寿司を食べる

1粒に込められたおもてなしの心

雷門や浅草寺から少し離れた浅草の静かな一帯に「すし屋の野八」はある。場所柄、観光客よりも常連さんが多い。値札は一切かかっておらず、客単価は1万円程度。私ごとき小僧っ子には敷居が高く、緊張を隠しきれない。

「お待ちっ！」と出てきたのが、赤身・ひらめ・中トロ・ホッキ貝・ウニ・タコ・玉子・ガリのセット。丹精に握られ、間違いなく旨そうなビジュアル。だが、すべて、シャリがたったの1粒だ。

「うちは値札がないから、お若いお客さまは緊張されるんですよ。そんなとき、一粒寿司を握って、場を和ませるんです！　やっぱり寿司は、笑って食べるのが一番ですから」と板前さん。

そもそも下町の寿司屋には、おひなさまのお祝いや赤ちゃんのお食い初めに、小さな寿司を握る習慣があったそう。遊び心で小さな寿司を握ってみたら「もっと小さくしてよ！」と常連さんから無茶振りをされ、とうとう1粒にまで行き着いた。これ以上突き詰めたら「0粒寿司」なる虚無の寿司を作りかねない。

「混んでなければタダで一粒寿司は作るけど、握りも注文してね!!　ガハハハ」と板前さんは豪快に笑っていた。

海外メディアでもたびたび取り上げられ、一粒寿司目当ての外国人客もかなり多い。軒並み「ワオ!!　アンビリーバボー!!!」とオーバーリアクションで驚く。中には感極まって泣き出して、小1時間手をつけずに眺めていた外国人女性もいたそうだ。

さすがに小さすぎて一粒寿司の味は無に等しかったけれど、普通の寿司はべらぼうに美味かった。

1粒のシャリに小さな卵焼きが巻きつけてある。職人技の極みだね。

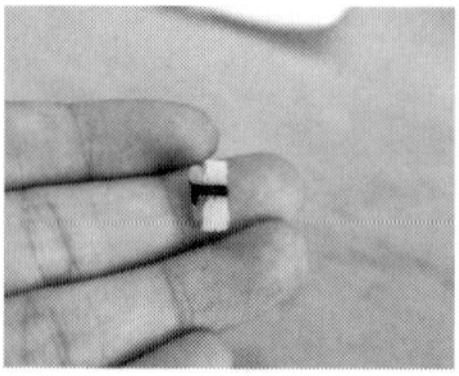

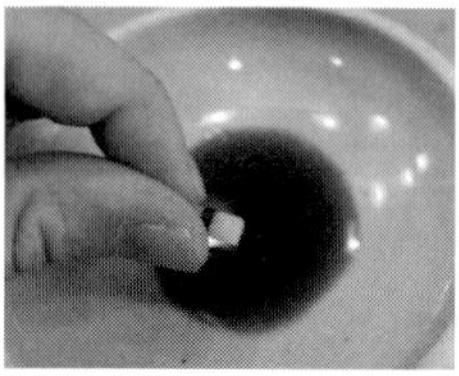

醤油をつけるのもひと苦労。ピンセットが欲しい。

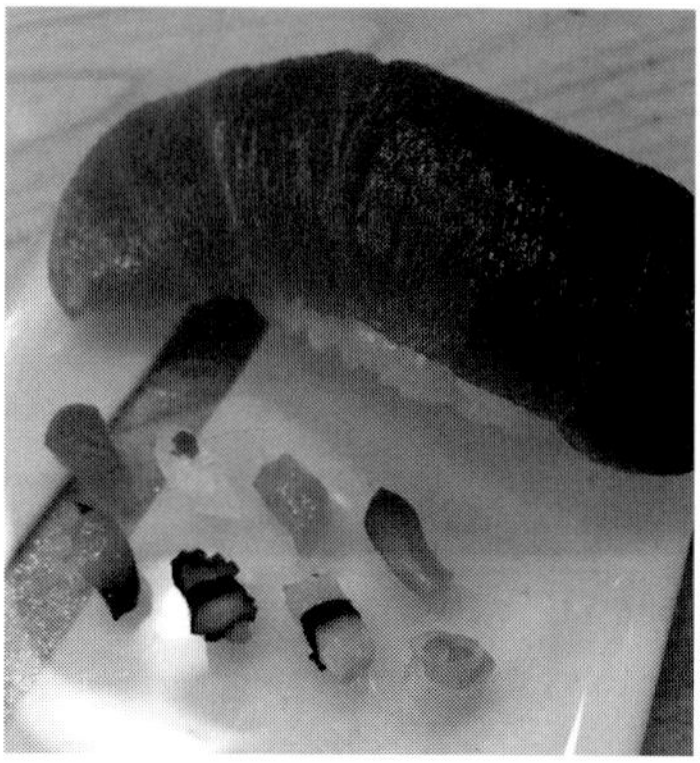

普通の寿司と並べてみると、親子というより別種族だ。

すし屋の野八

アクセス　東京メトロ銀座線「田原町」駅から徒歩４分
住所　台東区雷門1-3-7
電話番号　03-3841-3841
営業時間　17:00～翌2:00
定休日　日

コラム 6

東京別視点ガイド 珍スポランキング

普段、わたくし松澤は「東京別視点ガイド」というサイトで珍スポットを紹介している。東京とは名ばかりで、日本中あっちこっちに、えっちらおっちら出向いては探索する日々。2011年から本腰を入れ、現在600ヵ所を超える珍スポットを巡った。

そんな中から、お気に入りトップ10をご紹介しよう！

1位	かがや（東京）	☞60ページに載ってるよ！
2位	ヤッホー茶漬け（石川）	経営する老夫婦が「ヤッホー」しか喋らないお茶漬け屋。なぜヤッホーなのか、その理由はまったくの謎だ。
3位	炉端焼き栄ちゃん（大阪）	店主の栄ちゃんが突然クイズを出したり、オリジナルソングを歌ったり、おにぎりを投げたりする。栄ちゃんの１人舞台を堪能せよ！
4位	ロボットレストラン（東京）	☞24ページに載ってるよ！
5位	パブレスト100万ドル（愛知）	壁じゅうが文字とイラストで埋まっているサイケデリックな喫茶店。書かれているのはなんの脈絡もない単語に見えるが、すべて店主の人生に関わるキーワード。読み解けば店主の一生が見えてくる。
6位	珍宝館（群馬）	いわゆる秘宝館なのだが、マン長（館長ではなく）のチン子さんによる神業的な解説つき。マジで魅了される。客の秘部にあだ名もつけてくるよ。私のモノは「子ども店長」だそうです。
7位	謎のパラダイス（兵庫）	ここも秘宝館。「挿入したまま お酒を飲んだり タバコを吸う」などなんのトリビアでもない、自由律俳句のような文言が書かれたメモ書きが壁に貼られまくっている。最高の最高。
8位	ZAKURO（東京）	☞64ページに載ってるよ！
9位	養老ランド（岐阜）	養老の滝近くにある、ちょっと寂れた遊園地。その切なげな雰囲気もいいんだけど、とにかく園内はゆっるゆるでツッコミどころだらけ。デートで行くのは危険だが、気の合う友人と行けば超盛り上がるはず。
10位	立石バーガー	☞56ページに載ってるよ！

この本に載ってないところは別視点ガイドで読んでみてね。

おわりに

あ――、世の中すげえおっちゃん、おばちゃんがたくさんいる。すすけた雑居ビルに、なんでもない飯屋に、あちこちいる。

「かがや、最高‼」「スコップ三味線、最高の最高！」「坊主バー、最高の高の高‼」と、新しいスポットを開拓するたびに最高を連呼しまくって、最高がインフレ化してるけど、ほんとに最高なんだから仕方ない。

サイト上では「誰が行っても再現可能な状態」を記事にしたくって、普通の受け身の客としてのレポを信条にしていた。こちらからじゃんじゃん質問したりからんだりはあまりしなかった。けれども、このガイド本を書くのを契機に、取材として行って、膝を交えて何時間もインタビューしてみると、これまでとは比べ物にならないほど、深く店長さんたちの心の部分に触れることができた。触れると、スゴい。圧倒される。

この本を読んで終わりにするよりも、現場を実際訪ねた方が５億倍は面白い！　興味が湧いたところがあったら、ぜひぜひ足を運んでみてください、唯一無二の体験ができますよ！

「東京別視点ガイド」編集長　松澤茂信

Special Thanks

いしだ　江尻隆二　小松久人　齋藤洋平　橋本長知　松澤茂春
松澤信子　別視点ガイド読者の皆々様（五十音順、敬称略）

死ぬまでに
東京でやりたい50のこと
2015年２月28日　第１刷発行

著　者　松澤 茂信
発行人　望月 勝
発行所　株式会社 青月社
〒101-0032
東京都千代田区岩本町3-2-1　共同ビル8F
TEL 03-5833-8622　FAX 03-5833-8664
URL http://www.seigetsusha.co.jp
印刷・製本　モリモト印刷株式会社
デザイン　podo

定価はカバーに表示してあります。
ISBN 978-4-8109-1282-1